小中英語

学習者用
デジタル教科書を
活用するために
知っておきたい
こと

江尻寛正
Ejiri Hiromasa

東洋館出版社

　私は、学習者用デジタル教科書の信奉者というわけではありません。なぜなら、それが万能ではないことを知っているからです。

　では、なぜ本書を執筆したのか。それは、（万能ではないにせよ）紙の教科書では実現できない可能性をもっているからです。

　令和5年12月28日に取りまとめられた「義務教育の在り方ワーキンググループ中間まとめ」は、次のように指摘しています。

▶「自立した学習者として子どもたちを育むことが重要であり、自分に合った学び方を身に付けさせることが大切である」

　この自立した学習者の育成に一役買うのが、学習者用デジタル教科書です。その有用性、活用法を知ってほしいと考えて本書を上梓しました。

　リスニングなどもその代表格の一つ。これまでは、教師による発話かCD等に頼るほかありませんでした。一度で聴き取れる子どもにとっては問題にはなりませんが、そんな子どもはごく一部。多くの子どもたちは、心のなかで"一度ではわからないからまた聴きたい"、"早すぎてわからないからもっとゆっくり話してほしい"と考えていることでしょう。

　そんな様子に教師が気づければ、もう1回か2回くらいは聴けるかもしれませんが、何度でも聴き直せるわけではありません。それでも、授業は進んでいってしまいます。そのうちに、"自分には英語は無理なんだ"と落胆し、学ぼうとする意欲を失ってしまう子どもは少なくありません。

　そんな子どもを救いあげるのが、1人1台端末と学習者用デジタル教科書です。自分が聴き取れるまで何度でも聴ける、再生速度も好きなように調整できる、それだけでどれだけ助かることか。これは単にデジタルならではの機能性を享受できるにとどまりません。重要なのは、自分に合った学び方を選択できる点です。

　その一方で、「そうは言うけれど、そんなにうまくいくものではない」といった声を聞くこともあります。ほかにも、「実際に使わせてみたら、無駄なおしゃべりが増えて学習が進まない」など。なぜ、そうなってしまうのか。理由として、「学習者用デジタル教科書を活用すること」が目

的となり、「どのような子どもを育てたいのか」が不明確ということが考えられます。つまり、授業に学習者用デジタル教科書をもち込めば、即座に子どもたちの学習が充実するわけではないということです。

「キャロルの時間モデル」と「ブルームの２シグマ問題」という考え方があります。この考え方においては、「同じ授業を受けているにもかかわらず成績に優劣が出るのはなぜか」という問いに対する着眼点を、子ども一人一人の「（先天的な）能力の差」ではなく、「習得するのに必要な時間の個人差」と「学び方との適合性」に置きます。端的に言えば、その子にとって必要な時間が設定され、自分に合った学び方を行使できれば、これまでできなかったこともできるようになるということです。

この考え方に基づく学習が成立するために、欠かすことのできない前提条件があります。それが、冒頭でも挙げた「子ども一人一人が自立した学習者となっていること」です。そして、先ほど例に挙げた「そんなにうまくいくものではない」原因もまたここにあります。つまり、自立した学習者として主体的に学んでいける学び方を育てていないと、学習者用デジタル教科書のポテンシャルを引き出せないということです。

そこで、本書においては、主に次の点について論じていきます。

● 学習者用デジタル教科書を「教師が使わせる」段階から「子どもが使える」段階への流れを示す。

● 「自己調整学習」の理論や非認知能力育成、国際教育の視点を取り入れる実践例等を紹介する。

● 従来の旧態依然とした思い込みを排し、いかにしてこれから必要とされる授業観を獲得していけばよいかについて論じる。

いずれにしても重要なことは、自立した学習者育成に向けて教師としての視野を広げ、多様な視点から内省を繰り返すことです。これが教師としての課題解決に向かう近道なのです。

では早速、本題に入っていきましょう！

令和６年３月吉日　　　　　　　岡山県教育庁義務教育課総括副参事　江尻 寛正

第3章	子どもたちのウェルビーイングを支える土台づくり

工業社会から情報社会、そして Society5.0 の社会へ

■のび太くんは「ずるい！」

「ドラえも～ん‼ 助けてよ～」と泣きながらすがりつくのび太くん。

それを横目に、「仕方ないなぁ」とブツブツ言いながら、四次元ポケットに手を突っ込み、便利なひみつ道具を取り出してくれるドラえもん。

子どものころとても好きだった作品の一つですが、いつも"ずるいよなぁ"とも思っていました。"いつだって他力本願。ドラえもんに泣きつけば助けてもらえるんだもの"と。

あれから数十年もの月日が流れましたが、いまのところ「どこでもドア」も「タイムマシン」も世の中には登場していません。しかし、ドラえもんのひみつ道具に近いプロダクトは続々と生まれてきていると感じます。

たとえば「糸なし糸電話」。これはまさにスマートフォンそのものですよね。「ほんやくコンニャク」（食べるだけで相互の異なる言語が自動翻訳）も、スマートフォンのアプリが近い機能を提供してくれます。

「アンキパン」はどうでしょう。食べたら即暗記というわけにはいきませんが、スマホで撮影した画像をもとにネットで検索すれば、容易に数多くの情報を入手できます。何らかの手段で入手したデータはクラウドに同期され、ネットにアクセスできる環境さえあれば、どの端末からも必要なときに取り出すこともできるようになってきました。

こんな世の中になっていることを、子どものころの私が知ったら、"なんで、いま使えないんだよ。やっぱり、ずるいよなぁ"などと思ったことでしょう。

　さて、ここではドラえもんのひみつ道具を例にしましたが、この数十年のうちに私たちの生活様式や社会は大きく変化してきました。この変化は、電子機器（便利なひみつ道具）の話だけではありません。

　たとえば私も小学生のころは、「アンキパン」がほしくてたまりませんでした。なぜなら、当時の学校教育では暗記力が重宝されていたからです。授業中に教師が説明したことを記憶し、テストで正確に再現できることが学力の高さを表すものでしたから（そうした時代性を背景として生まれたのが、「アンキパン」だったのかもしれません）。

　加えて当時の大人の社会では、上司から言われたことを素早く理解し、指示どおり正確かつスピーディーにこなすことが優秀な人材の証でした。いわゆる「工業社会」（Society3.0）の時代です。

　しかし、こうした時代はすっかり過去のものとなりました。PCやインターネットなどの登場によって到来した「情報社会」（Society4.0）においてはもはや、「教師から教わったことを再生産する勉強」や「上司から言われたことを言われたとおりにこなせる仕事」では通用しなくなってきています。

　加えて、（よい面も悪い面も含め）日本社会は成熟し、VUCA（Volatility、Uncertainty、Complexity、Ambiguity）と呼ばれる目まぐるしく変転する予測困難な時代を迎えようとしています。

　今後、テキストや画像の生成AIの台頭によって、現在存在している業種や仕事の仕方も大きく変わっていく可能性があります。「サイバー空間（仮想空間）とフィジカル空間（現実空間）を高度に融合させたシステムにより、経済発展と社会的課題の解決を両立する」人間中心の社会「Society5.0」への移行です。

　この「人間中心」というところがミソで、科学技術に翻弄されることなく、**AIなどの高度な技術を使いこなしながら、周囲の人たちと協働して自分らしく生きるウェルビーイングを享受できる時代が目指されて**いるのです。

　では、「Society5.0」へと向かおうとしている過渡期のいま、私たち

が所属する教育界においてはどのようなことが求められるのでしょうか。まずは、この点に焦点を当てたいと思います。

■Society5.0 に向けて教育界に求められていること

　ここではまず広い視野から日本の教育を俯瞰し、これから先、学校に求められることは何かを考えるため、まず最初に総合科学技術・イノベーション会議（以下、「CSTI」という）が2022年6月2日に公表した「Society5.0の実現に向けた教育・人材育成に関する政策パッケージ」（以下、「政策パッケージ」という）を取り上げたいと思います。

　この「CSTI」は、内閣府のホームページにおいて次のように説明されています（https://www8.cao.go.jp/cstp/）。

> 　内閣総理大臣、科学技術政策担当大臣のリーダーシップの下、各省より一段高い立場から、総合的・基本的な科学技術・イノベーション政策の企画立案及び総合調整を行うことを目的とした「重要政策に関する会議」の一つです。

　また、「政策パッケージ」の位置づけは、次のとおりです。

> 　今後5年程度という時間軸のなかで子供たちの学習環境をどのように整えていくのか、<u>各府省を超えて政府全体としてどのように政策を展開していくのか</u>、そのロードマップの作成を目指すことが、本パッケージ策定の目的である。　　　　　　　　　（下線は筆者）

　下線部分にあるように、政府が各府省と連携しながら日本の教育全般にわたる大きな橋を架けるという考え方です。

　「政策パッケージ」を読むと、次の学習指導要領についても触れられています。所管するのはこれまでどおり文部科学省ですが、次の改訂に向けて少なからず影響を与えるものと考えられます。

　次に挙げるのは「政策パッケージ」が目指している社会像です。

資料1

分野	順位	指標
精神的 幸福度	37 位	生活満足度が高い 15 歳の割合
		15 ～ 19 歳の自殺率
身体的 健康	1 位	5 ～ 14 歳の死亡率
		5 ～ 19 歳の過体重／肥満の割合
スキル	27 位	数学・読解力で基礎的習熟度に達している 15 歳の割合
		社会的スキルを身に付けている 15 歳の割合

出典：イノチェンティ　レポートカード 16 を基に筆者作成

　持続可能性と強靭性を備え、国民の安全と安心を確保するとともに、一人ひとりが多様な幸せ（well-being）を実現できる社会

　近年、well-being という言葉をよく耳にするようになりました。この概念について考えるうえで興味深いデータがあります。

　資料 1 は、イノチェンティ研究所（ユニセフのリサーチ部門）が、2020年に公表したデータの一部です。

　日本の総合順位は 38 か国中 20 位（1 位はオランダ）で、「生活満足度」（精神的、幸福度）は 37 位ときわめて低位にあります。なかでも注目したいのは「スキル」で、数学・読解力分野の学力については 5 位につけているものの、それとは対照的に社会的スキルとして「すぐに友達ができる」と答えた子どもの割合は 37 位です。

　アナ・グロマダ氏（イノチェンティ研究所）は、**「学校への帰属意識が高い子どものほうが、学力も生活満足度も高い」**と総括しています。これは日本の子どもたちに当てはまることで、学校への帰属意識が低い子どものなかで、生活満足度が高い子どもは約 40% にとどまり、調査対象中で最も低い割合です。

　こうした結果に対し、尾木直樹氏（法政大学名誉教授）と阿部彩氏（東京都立大学教授）が、次のようにコメントしています。

尾木氏は「競争原理に基づく一斉主義により序列化するわけですから、子どもの自己肯定感がガタガタになってしまい、幸福感が育たなかったり自分に自信が持てなかったりするのは必然だ」としています。

　阿部氏は、次のように述べています。

> 　社交的で、たくさんの友人にいつも囲まれていない子どもが悪いということではありません。人によっては、シャイであったり、一人でいるのが好きな子もいるでしょう。しかし、どのような性格の子どもであっても、周りから偏見の目で見られることがなく、友だちをつくろうと思ったら、すぐできる、という環境があるのか、ないのか、それが問われていると思います。
>
> （https://www.unicef.or.jp/report/20200902.html）

　「イノチェンティ研究所の分析に基づく測定値」＝「日本の子どもの幸福度」などと単純に決めつけてよいものではありませんが、一つの指標にはなり得るだろうと思います。

　この点から考えると、数学・読解力の基礎的習熟度を維持しながらも、学校への帰属意識をいかに高めるかが課題の一つとして挙がるでしょう。そこで考えたいのが、これからの授業改善です。『生徒指導提要』(2022年)でも示されていますが、学習活動を通して友達関係をより良好なものとし、学校への帰属意識を高めるという考え方です。

　もちろん授業の目的は、教科等ごとに定める目標の実現にあるわけですが、その過程で育まれる他の可能性について考えることには一定の意義があると思います。どのような可能性があり得るのか、「政策パッケージ」をもとに考えてみましょう。

■一斉授業からの抜本的な転換

　「政策パッケージ」は、工業社会（Society3.0）においては「同質性・均質性を備えた一律一様の教育」が日本の経済成長を支えてきたことを

資料２

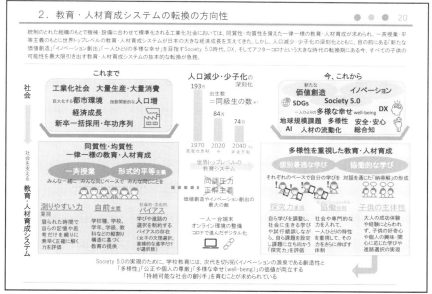

出典：※１　令和２年（2020）人口動態統計　※２　国立社会保障・人口問題研究所「日本の将来推計人口（平成 29 年推計）」における出生中位・死亡中位仮定による推計値。

評価しながらも、そのままでは Society4.0 以降の社会では通用しないと指摘しています。

　より具体的には、同調圧力や正解主義の問題点を指摘しつつ、**「一斉授業からの脱却」「新たな価値創造」「イノベーション創出」「一人ひとりの多様な幸せ」を実現することが急務**だという考え方です。

　そのために必要とされるのが、「教育・人材システム」の抜本的な転換です（**資料2**）。

　殊に「探究力」を重視し、「自ら学びを調整し、試行錯誤しながら、自ら課題を設定し課題に立ち向かうこと」や、「個人の興味・関心に応じた学びを実現すること」を目指しています。

　また、2023 年 6 月に閣議決定された新たな「教育振興基本計画」においては、「持続可能な社会の創り手の育成」「日本社会に根差したウェルビーイング」を掲げており、「政策パッケージ」と軌を一にしている

ことがよくわかります。

　加えて、「教育こそが社会をけん引する駆動力の中核を担う営みであり、一人一人の豊かで幸せな人生と社会の持続的な発展に向けて極めて重要な役割を有している」と指摘しています。そのうえで**「学校教育を充実する先にこそ子どもたちのウェルビーイングがある」**ことを示し、次の「5つの基本的な方針」を掲げています。

①グローバル化する社会の持続的な発展に向けて学び続ける人材の育成
②誰一人取り残されず、全ての人の可能性を引き出す共生社会の実現に向けた教育の推進
③地域や家庭で共に学び支え合う社会の実現に向けた教育の推進
④教育デジタルトランスフォーメーション（DX）の推進
⑤計画の実効性確保のための基盤整備・対話

　上記のうち、本書においては、殊にウェルビーイングや外国語教育にかかわる①②④について取り上げたいと思います。

　①では、「自己の主体性を軸にした学びに向かう一人一人の能力や態度を育むという視点をもって、教育課程の編成・実施や質保証の取組を行うこと」を重視しています。

　「政策パッケージ」の提言と重ね合わせると、学習者主体の学びを充実させることがウェルビーイングにつながると考えることができるでしょう。加えて、「外国語教育の充実」「国際理解教育の推進」の必要性が謳われています。

　②では、「これまで学校では『みんなで同じことを、同じように』することを過度に要求され、『同調圧力』を感じる子供が増えてきた」ことを踏まえ、異なる立場や価値観をもった人々同士が学び合うことを重視しています。

　加えて、「児童生徒が自発的・主体的に自らを発達させていくことが尊重され、その過程を学校や教職員が支えていくという発達支持的生徒

指導を重視していくことが求められる」としています。つまり、子どもたちの自発的・主体的な取組を支えることが教師に求められる役割だと強調しているわけです。

　④では、教育分野におけるICTの日常化に向けた「デジタイゼーション」「デジタライゼーション」「デジタルトランスフォーメーション（DX）」の3段階を示しています。加えて、「教科内のみならず学校教育活動全体のなかでのリアルとデジタルの組合せの検討や、デジタル教科書・教材・ソフトウェアの活用」を重視しています。

　これらのことからわかることは、**闇雲にデジタル機器を使えばよいというのではなく、子どもたちや教職員の実態等を踏まえ、学校においてデジタルとアナログのベストミックスを模索する**ことを求めているということです（なお、教育現場での生成AIの活用については、よりよい教育効果とリスクの双方を踏まえることが必要だとされています）。

子どもたちの主体性の発揮と個別最適な学びの現状

　次頁の**資料3**は2023年度「全国学力・学習状況調査」の質問紙調査の結果です。

　この結果から、授業に主体的に取り組んでいることが、平均正答率に影響していることがわかります。また、「当てはまる」と答えた児童・生徒の割合が教師の「そう思う」より1割程度多いことから、教師が考えている以上に、児童・生徒は主体的に取り組んでいることがうかがえます。

　また、主体的・対話的に取り組めている児童・生徒は、社会的・経済的背景（SES）が低い状況にあっても、各教科の正答率が高いことも見て取れます。子どもの幸福度向上のためにも、授業改善の視点である「主体的・対話的で深い学び」は、今後とも充実が求められる教育課題だといえるでしょう。

資料3

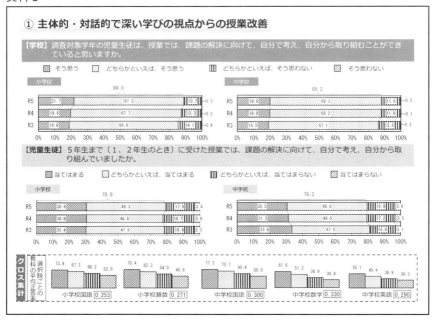

① 主体的・対話的で深い学びの視点からの授業改善

【学校】調査対象学年の児童生徒は、授業では、課題の解決に向けて、自分で考え、自分から取り組むことができていると思いますか。

今度は、同様の質問紙調査の結果から、「個別最適な学び」の状況を読み取ってみましょう（**資料4**）。

　一人ひとりに応じた課題や活動の工夫を「全く行わなかった」と回答した学校の割合は、ほぼゼロです。それに対して、「自分にあった教え方にはなっていない」と考えている児童・生徒は、小学校3.8%、中学校5.0%にのぼります。

　このことから、「おおむね個別最適な学びが行われている」と見て取れる一方で、児童・生徒の回答と学校の回答を比較すると、双方の認識にズレがあることがわかります。つまり、教師としては学習活動が「個別最適な学び」になるように工夫したつもりだけれども、フィットしていない児童・生徒が一定数いるということです。

資料4

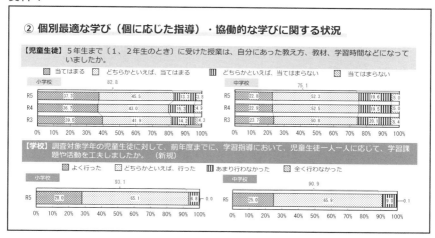

学習者用デジタル教科書を含むICT機器活用の意義

　一人ひとりの子どもたちにフィットした学びを提供するにあたっては、さまざまな方法がありますが、ここではとりわけ学習者用デジタル教科書を含むICT機器活用の有効性について考えたいと思います。

　まず次頁の**資料5**をご覧ください。これは、1990年にブランソンが提起した学習モデルで、左から右に向かって学習の態様が変化していく様子を表したものです。

　「口頭継承モデル」は、教師のもつ知識や経験を一方向的に生徒に伝達するモデルで、日本で言えば一斉授業の典型例だと言えます。それに対して「現在のモデル」としているのは、「口頭継承モデル」と基本構造は変わらず、生徒間の情報交流（話し合い活動等）が加わっている点に違いがあります。教師と生徒、生徒同士をつなぐ矢印が双方向となっていますが、どの矢印の比重が高いかによって、目に見える授業の姿も変わるでしょう。教師から生徒に向く比重が高ければ、授業に話し合い活動などを設けていながらも補充的な位置づけで、教師主導の授業の派生

資料5　学習モデル

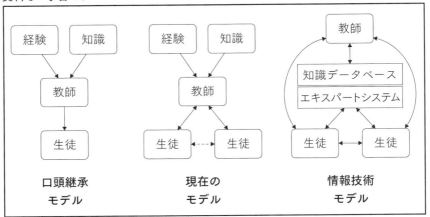

口頭継承
モデル

現在の
モデル

情報技術
モデル

出典：Branson（1990）による。和訳は鈴木

形であるかのようにイメージされます。それに対して、生徒から教師に
向く比重が高ければ、授業における学習計画などを生徒が話し合いなが
ら主体的につくるといった学習者主体の授業がイメージされます（ただ
し、そのような場合にも授業をコントロールするのは教師であることに変わりはあ
りません）。生徒同士をつなぐ矢印を波線にしている意図は、生徒が主体
的につながっているわけではないからだと考えられます。

　さて、一番右側に位置するのが「情報技術モデル」で、これから先の
学習モデルを示すものです。このモデルにおいては、教師を介さずに生
徒が知識データベースやエキスパートシステムを活用して自分の課題解
決に必要な情報を引き出しながら自ら学習を進めるものです。教師のほ
うは生徒の学習に対して直接的に主導するよりも、間接的にサポートす
る役割を担うことになります。

　GIGAスクール構想により一人一台端末が実現され、自分のタブレッ
ト端末から直接ネットワークにアクセスできるようになった現在、「情
報技術モデル」に基づいた学習を展開できる環境に近づいてきたと考え
られます。実際、単元内自由進度学習などを上手に取り入れている学校
では、かなり近い実践も見られます。

　なお、（学習活動における ICT 活用はめずらしいものではなくなりましたが）、学習を主導するのが生徒であるか教師であるかによって、実際に行われる授業の様子が別物になるように感じます。

　もし子ども同士の学びの相互作用をよりいっそう促すことを望むならばまず、教育行為を「教える」よりも「育む」のほうに軸足を置き、次に挙げる役割を担う必要があると考えられます。

> ●子どもの学びが活性化する課題は何かを考え、適切なタイミングで提示する。
> ●対話を通して子ども同士の学びが充実するよう一人の認識や理解を周囲に共有できるようにする。

　これらはいずれも、子どもの探究的な学習を促進し学習者主体の学びを実現する考え方であり、「政策パッケージ」が求める学びの姿とも呼応します。また、文部科学省「デジタル教科書実践事例集」（2022 年）においては、次の事柄の有効性を指摘しています。

> **主体的な学習**
> ●くり返し書き直すことで、自分の中で新しい発想が生まれてくる。
> ●写真貼りつけや書き込みをして、自分だけの教科書をつくることができる。
> **対話的な学習**
> ●すぐ消して、すぐ書ける。簡単で使いやすいから、意見を出し合える。
> ●線の色を変えることができるので自分の考えを伝えやすい。
> ●自分の考えと違う考えの人に理由を尋ねることができて、違うところを比べられる。

　ここまで述べてきた学習の考え方や ICT 機器の有効性を授業に取り入れることができれば、前述した「情報技術モデル」の実現も夢物語ではなくなるでしょう。どの学校においても子どもたちの well-being に

満ちた学びを実現できるようになるのではないかと考えます。

　そこで**本書では、理論的な背景を踏まえつつ、殊に外国語授業にフォーカスし、授業における学習者用デジタル教科書を含む ICT 機器の効果的な活用例を示していきたい**と思います。

　第 1 章においては、「学習者用デジタル教科書とはどういったものか」について述べ、第 2 章においては、前述した「5 つの基本的な方針」のうちの①国際理解教育の視点、②子どもたちの主体性、④ ICT やデジタル教科書を取り入れた授業アイディアを紹介します。

　加えて、第 3 章においては、第 2 章で取り上げた ICT 機器の活用アイディアを上手に取り入れるために知っておきたい考え方や方法を取り上げます。

　では、早速はじめていきましょう！

参考文献

● ユニセフ「子どもたちに影響する世界」2020 年、https://www.unicef.or.jp/library/pdf/labo_rc16j.pdf

● 文部科学省「教育振興基本計画」2023 年年 6 月 16 日、https://www.mext.go.jp/content/20230615-mxt_soseisk02-100000597_01.pdf

● 国立教育政策研究所「令和 5 年度全国学力・学習状況調査の結果（概要）」2023 年

● Branson, R. K. "Issues in the Design of Schooling: Changing the Paradigm", Educational Technology, Vol.30, No.4, pp.7-10（1990）

● 鈴木克明著『放送利用からの授業デザイナー入門─若い先生へのメッセージ』日本放送教育協会、1995 年

● 奈須正裕「学びのパラダイムシフト」『内外教育』(6998) 2022 年、4、5 頁

第1章

「学習者用デジタル教科書」の イメージをつかむ

法令改正により従来の教科書と併用する形で、（必要に応じて）学習者用デジタル教科書を活用できるようになりました。また、2022年に文部科学省より「学習者用デジタル教科書実践事例集」が公表されたこともあり、「学習者用デジタル教科書」という存在はめずらしいものではなくなりました。しかし、どのように活用すれば子どもたちの学習に資するのかといった理解はあまり進んでいないように思われます。

そこで本章ではまず、「学習者用デジタル教科書とは何か」「どのような活用が求められているか」について、簡単に触れておきたいと思います。

学習者用デジタル教科書の可能性

従来の教科書と異なる特徴

　第1章では「デジタル教科書とは何か」について簡単に整理します。

　大きく分けて、「指導者用」と「学習者用」があります。前者は教師が使用するものであり、赤刷り・赤本などと呼ばれる問題の答えや指導のポイントも含まれます。それに対して後者は、子どもが利用するもので、紙の教科書の内容をそのままデジタル化したうえで、デジタルならではの機能が付属します（**資料1**）。

　この「付属する機能」のなかには、紙の媒体であれば有料である「教材」も含まれている場合があります。これは、学習者用デジタル教科書そのものが無償給与の対象ではなかったため、そもそも教材部分を分けて設計していないことが理由だと考えられます。

活用のイメージ

　学習者用デジタル教科書は、従来の教科書と同じように単体で使うこともできますが、それではデジタルの優位性を引き出すことができません。そこで「教材やソフトウェアと組み合わせて活用するもの」と考えるとよいでしょう。あるいは「学習情報を中継するハブだ」とイメージしてみるとわかりやすいかもしれません（**資料2参照**）。

　これまで、学習内容を把握する際には教科書を読む、自分が考えたことをまとめたり振り返ったりするときにはノートなどに書く、調べたいことがあれば資料集などを開いて情報を探す、学んだことを理解できた

資料1

学習者用デジタル教科書を活用した学習方法の例 （学習者用デジタル教科書実践事例集より）

学習者用デジタル教科書を学習者用コンピュータで使用することにより可能となる学習方法の例

◎ は特に、特別な配慮を必要とする児童生徒等にとって、学習上役立つ機能。

1 | 拡大

教科書を拡大して表示することができます。

2 | 書き込み

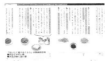

教科書にペンやマーカーで簡単に書き込むことができます。

3 | 保存

教科書に書き込んだ内容を保存・表示することができます。

4 | 機械音声読み上げ ◎

教科書の文章を機械音声で読み上げることができます。

5 | 背景・文字色の変更・反転 ◎

教科書の背景色・文字色を変更・反転することができます。

6 | ルビ ◎

教科書の漢字にルビを振ることができます。

学習者用デジタル教科書と他のデジタル教材を一体的に使用することで、可能となる学習方法の例。

学習者用デジタル教科書と他のICT機器等を一体的に使用することで、可能となる学習方法の例。

7 | 朗読

音読・朗読の音声やネイティブ・スピーカー等が話す音声を教科書の文章に同期させつつ使用することができます。

8 | 本文・図表等の抜き出し

教科書の文章や図表等を抜き出して活用するツールを使用することができます。

大型提示装置による表示

児童生徒の手元の画面を大きく表示することができます。

9 | 動画・アニメーション等

教科書に関連付けて動画・アニメーション等を使用することができます。

10 | ドリル・ワークシート等

教科書に関連付けてドリル・ワークシート等を使用することができます。

ネットワーク環境による共有

授業支援システム等を活用し、児童生徒の手元の画面を共有することができます。

出典：文部科学省初等中等教育局「デジタル教科書に関する制度・現状について」より

資料2

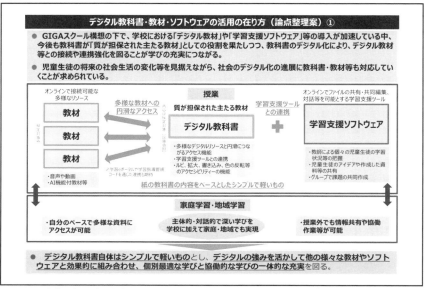

出典：教科書・教材・ソフトウェアの在り方ワーキンググループ（第5回）配布資料より

かを確かめるときはドリルに取り組むといったように、学習の目的に応じて道具を切り替えていました。

　それが一人一台端末の実現によって、タブレット一つで（画面を切り替えることで）シームレスに行うことができるようになったわけです。これで、子ども一人ひとりが自分のペースで学習に取り組める下地ができたと言えそうです。

　では、外国語学習を例にしてみましょう。

　たとえば、「誕生日にBobがほしいと思っているものを聞きとろう」という課題があったとします。これまでは、クラス全員が一斉にBobの話をCDの音声等で聞き、教師の指示に従って答えは何かを考えて発言していました。

　それに対してデジタル教科書を活用すれば、次のように学習を進めることができるようになります。

●自分が聞き取れるまで何度でも聞き直しができる。

●ヒアリングが苦手な子は、Bob の話をするスピードを遅くして聞き取りやすくできる。

●クラスメイトの発言を聞いた後に、自分のタイミングで改めて聞いてみるといった確認ができる。

●答えがわかったら挙手をして発言するのではなく、タブレット端末に入力するようにすれば、理解の遅い子でも慌てずに取り組むことができる。

　上記に挙げたことは一例にすぎませんが、単に便利になったというだけではありません。**デジタル教科書を活用することによって、学習を自己調整しながら主体的に学べる確度が上がる**ということなのです。

　こうした学習を実現するためには、教師の指導観や授業観の転換が必要です。もし「教師の指示に基づいて」という固定観念から抜け出せず、「（教師である私が）内容を教えなければいけない」「（子どもはどうやって学んでいけばよいかわからない未熟な存在だから）学習方法もしっかり教えよう」と考えてしまえばどうでしょう。

　それだと、デジタル教科書は学ぶ内容も学び方も自己調整できる学習材であるにもかかわらず、そのポテンシャルを発揮できなくなるでしょう。子どもたちは自分のタイミングで聞き直しをしたり、自分のペースで答えを入力し直したりすることができなくなります。デジタルである優位性が失われてしまうに違いありません。

　つまり、デジタル教科書を有効活用できるかは、**「子どもに学習の仕方を委ねること」**にかかっており、**「どのような場面で委ねるか」「委ねるにしても、どの程度か」を、子どもの実態を踏まえて吟味し、そのために必要な授業準備を行うことが欠かせない**のです。

　これまで通用してきた指導観や授業観を変えることは並大抵のことではありません。だからこそ、「なぜ授業において ICT を活用するのか」というそもそもの目的や意義を考え、子どもたちの学びにどのようなよ

い影響を及ぼす可能性があるのかを理解するところからはじめる必要があるのだと思います。

ICT活用に段階をつける

序章で述べたとおり、デジタル化には「デジタイゼーション」「デジタライゼーション」「デジタルトランスフォーメーション（DX）」の3つの段階があります。この3段階に関し、第4期教育振興基本計画は、**資料3**のように示しています。

また、デジタル教科書を含むICT機器の使用は、教科等の目標の実現に資するものでなければなりませんが、まずは実際に使ってみないとわからない（イメージできない）ことも多いでしょう。

手段の目的化を批判する声は必ず起きるものですが、最初のうちは目的化してしまって差し支えないと思います。その後、だんだんと手段としての有効活用を考えていくのです。

実際、一足飛びに習熟することはできませんから、段階をつけるのがよいと思います。本書では、**資料4**で挙げた段階ごとに少しずつ教師主導から学習者主体に移行し、その過程で指導観や学習観をシフトできるようにしていくことを勧めます。

「指導の個別化」「学習の個性化」を促す
カリキュラム・マネジメント

学習者用デジタル教科書に関する研修等で話をする機会があると、参加者から決まって聞かれることがあります。それは「学習者用デジタル教科書の使い方は、どうすれば効果的ですか」というものです。それに対して私は、いつも次のように答えています。「それは先生方が悩むことではないですよ」と。

その理由は簡単です。学習者用デジタル教科書は、学習者である子ど

資料3

第1段階	第2段階	第3段階
デジタイゼーション	デジタライゼーション	デジタルトランスフォーメーション
紙の書類などアナログな情報をデジタル化する。	サービスや業務プロセスをデジタル化する。	デジタル化でサービスや業務、組織を変革する。

※第4期教育振興基本計画を筆者が表に整理

資料4

第1段階	第2段階	第3段階
教師主導	教師主導	児童・生徒主体
学習者用デジタル教科書の機能を使う。	学習者用デジタル教科書と学習支援ソフト等を組み合わせて使う。	自分に必要な機能を自己決定して使う。

もたちが使うものだから、自分たちにとって使いやすい方法を彼らが考えればよいからです。

　とはいえ、最初から何もかも任せればよいなどと乱暴なことを言うつもりはありません。まずは次の点をレクチャーします。

●デジタル教科書の基本操作
●授業でデジタル教科書を使う目的
●学習のどのような場面で使うのが便利かの例示

　重視したいのは、子ども自身が単元を見通したり、学習のどのような場面で使うと便利なのか（学びやすいのか）をイメージしたりできるようにすることです。そのためにも、**授業そのものは学級単位で行いますが、学習は子ども単位で進めていくという意識をもっておくこと（理解度や進度は個によって違って当たり前）が大切**です。

　そのあとは「好きなように使ってみて」と言って、いったん子どもたちに委ねます。すると、それっぽく操作する子や戸惑う子がいる一方で、教師が思いつかないようなおもしろい使い方を編み出す子が現れること

もあります。そうしたら、「Aくんがおもしろい使い方をしているよ」などと言って紹介してもらい、その子のやり方をクラス全体に共有してしまえばいいのです。そのうえで、うまく使えない子がいれば、個別に指導します。こうした教師のかかわりが「指導の個別化」であり、子どもたちの「学習の個性化」につながっていくものと思われます。

　そのために必要となるのが、教師によるカリキュラム・マネジメントです。ICTの効果的な活用場面を設定するためには綿密な教材研究が必要だからです。また、適切な単元を年間指導計画等に位置づけておくことも必要になるでしょう。すべての単元で効率的に使おうとすると、無理も出てくるからです。

　他方、普段の授業のなかで、リスニング教材を聞き返せる時間などをルーティーンとして設けて、デジタル教材の便利さを感じてもらうとともに、機器の操作に慣れさせるといった取組も有効です。

　ここまでが第1段階です。子どもたちが十分に慣れてきたら、他の学習支援ソフト等を組み合わせる第2段階に移行していきます。その過程で子どもに委ねる時間を増やしながら、しっかり自分の学習の振り返りを書けるように指導し、子ども一人ひとりが自分の課題を自覚できるように促します。

　そこまでできるようになったら、いよいよ第3段階です。ICT機器を活用しながら、子どもたちが学習を自己調整しながら自ら学んでいける授業を展開できるようになっていきます。

　そこで第2章では、ここまで述べてきた段階（1～3段階）ごとに、小学校と中学校における外国語科の授業アイディアを紹介していきます。

第2章 「学習者用デジタル教科書」を活用した英語授業アイディア

一口に「学習者用デジタル教科書」の活用といってもさまざまな方法があります。

そこで本章では第1章で紹介した次の3つの段階ごとに授業アイディアを紹介します。

[第1段階] 学習者用デジタル教科書の機能を使う。

[第2段階] 学習者用デジタル教科書と学習支援ソフト等を組み合わせて使う。

[第3段階] 自分に必要な機能を自己決定して使う。

ICT機器を活用して学習効果を上げるためには、従来の授業観を転換し、カリキュラム・マネジメントを意識しながら授業づくりを行う必要があります。そうすることではじめて、学習者主体の学びを実現することができるでしょう。

教師が使い方を指示する
第1段階

　文部科学省による実証事業の報告書（令和3年度）によると、教師が授業において「ほぼ毎時間使わせている」と回答した「学習者用デジタ

資料1

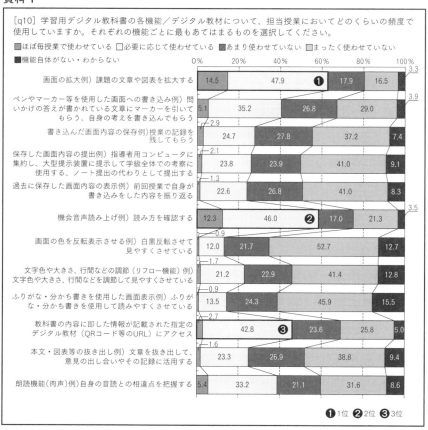

［q10］学習用デジタル教科書の各機能／デジタル教材について、担当授業においてどのくらいの頻度で使用していますか。それぞれの機能ごとに最もあてはまるものを選択してください。

■ほぼ毎授業で使わせている □必要に応じて使わせている ■あまり使わせていない □まったく使わせていない
■機能自体がない・わからない

機能	ほぼ毎授業で使わせている	必要に応じて使わせている	あまり使わせていない	まったく使わせていない	機能自体がない・わからない
画面の拡大 例）課題の文章や図表を拡大する	14.5	47.9 ❶	17.9	16.5	3.3
ペンやマーカー等を使用した画面への書き込み 例）問いかけの答えが書かれている文章にマーカーを引いてもらう、自身の考えを書き込んでもらう	5.1	35.2	26.8	29.0	3.9
書き込んだ画面内容の保存 例）授業の記録を残してもらう	2.9	24.7	27.8	37.2	7.4
保存した画面内容の提出 例）指導者用コンピュータに集約し、大型提示装置に提示して学級全体での考察に使用する、ノート提出の代わりとして提出する	2.1	23.8	23.9	41.0	9.1
過去に保存した画面内容の表示 例）前回授業で自身が書き込みをした内容を振り返る	1.3	22.6	26.8	41.0	8.3
機会音声読み上げ 例）読み方を確認する	12.3	46.0 ❷	17.0	21.3	3.5
画面の色を反転表示させる 例）白黒反転させて見やすくさせている	0.9	12.0	21.7	52.7	12.7
文字色や大きさ、行間などの調節（リフロー機能）例）文字色や大きさ、行間などを調節して見やすくさせている	1.7	21.2	22.9	41.4	12.8
ふりがな・分かち書きを使用した画面表示 例）ふりがな・分かち書きを使用して読みやすくさせている	0.9	13.5	24.3	45.9	15.5
教科書の内容に即した情報が記載された指定のデジタル教材（QRコード等のURL）にアクセス	2.7	42.8 ❸	23.6	25.8	5.0
本文・図表等の抜き出し 例）文章を抜き出して、意見の出し合いやその記録に活用する	1.6	23.3	26.9	38.8	9.4
朗読機能（肉声）例）自身の音読との相違点を把握する	5.4	33.2	21.1	31.6	8.6

❶1位 ❷2位 ❸3位

ル教科書の機能」なかで、最も割合が高かったのは「画面の拡大」（62.4％）でした（**資料1**）。

　この結果は、児童・生徒が回答したアンケート結果でも同様でした。また、（外国語の授業で効果的だと言われることの多い）音声読み上げ機能についても、教師が使わせている機能の上位に位置しています。

　こうした機能のいずれもが学習者用デジタル教科書の特徴的な機能であることが、上位に挙がる理由だと考えられますが、見方によっては教

資料2　小学校中・高学年へのアンケート（機能別の使用頻度）

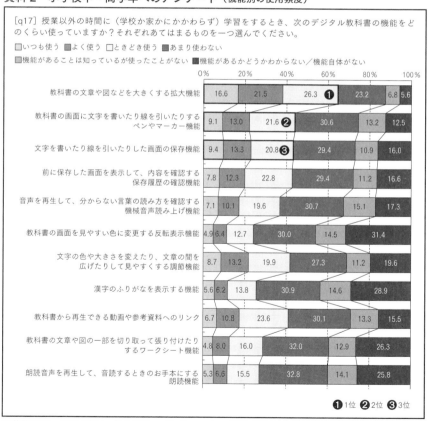

※英語では、画面の拡大（64.4％）、ペンやマーカー機能（43.7％）、図面の保存機能（43.5％）の順に「いつも使う」「よく使う」「ときどき使う」と回答した児童の割合が多い。

師による指示が強い（子どもの選択・判断に委ねるような活用になっていない）とも解釈することができそうです（**資料2、3**）。

　加えて注目したいのは、小学校中・高学年における「ペンやマーカー機能」を使う割合の高さです。これは、学習を通じて自分が気づいたことや、クラスメイトの気になる意見などをデジタル教科書に書き込んでいると推察されます。実際、優れた小学校の授業では、紙媒体であっても教科書の余白にメモ書きするよう指導している教師もいます。

資料3　中学生へのアンケート（機能別の使用頻度）

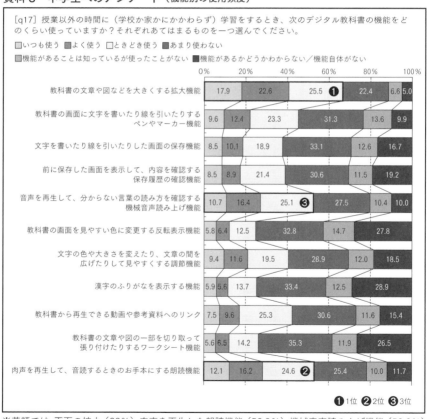

[q17] 授業以外の時間に（学校か家かにかかわらず）学習をするとき、次のデジタル教科書の機能をどのくらい使っていますか？それぞれあてはまるものを一つ選んでください。

□ いつも使う　■ よく使う　□ ときどき使う　■ あまり使わない
■ 機能があることは知っているが使ったことがない　■ 機能があるかどうかわからない／機能自体がない

機能	いつも使う	よく使う	ときどき使う	あまり使わない	機能があることは知っているが使ったことがない	機能があるかどうかわからない／機能自体がない
教科書の文章や図などを大きくする拡大機能	17.9	22.6	25.5 ❶	22.4	6.6	5.0
教科書の画面に文字を書いたり線を引いたりするペンやマーカー機能	9.6	12.4	23.3	31.3	13.6	9.9
文字を書いたり線を引いたりした画面の保存機能	8.5	10.1	18.9	33.1	12.6	16.7
前に保存した画面を表示して、内容を確認する保存履歴の確認機能	8.5	8.9	21.4	30.6	11.5	19.2
音声を再生して、分からない言葉の読み方を確認する機械音声読み上げ機能	10.7	16.4	25.1 ❸	27.5	10.4	10.0
教科書の画面を見やすい色に変更する反転表示機能	5.8	6.4	12.5	32.8	14.7	27.8
文字の色や大きさを変えたり、文章の間を広げたりして見やすくする調節機能	9.4	11.6	19.5	28.9	12.0	18.5
漢字のふりがなを表示する機能	5.9	5.6	13.7	33.4	12.5	28.9
教科書から再生できる動画や参考資料へのリンク	7.5	9.6	25.3	30.6	11.6	15.4
教科書の文章や図の一部を切り取って張り付けたりするワークシート機能	5.6	6.5	14.2	35.3	11.9	26.5
肉声を再生して、音読するときのお手本にする朗読機能	12.1	16.2	24.6 ❷	25.4	10.0	11.7

❶1位　❷2位　❸3位

※英語では、画面の拡大（66％）、肉声を再生した朗読機能（52.9％）、機械音声読み上げ機能（52.2％）の順に「いつも使う」「よく使う」「ときどき使う」と回答した生徒の割合が多い。

単元名

I want to go to Italy.

小学校第5学年 本時：第5時（全8時間）

TARGET 単元の目標 ·····

　自分の行きたい国について、相手にも行きたいと思ってもらうために、伝えようとする内容を整理したうえでその国の魅力を伝えることができる。

POINT 著者オススメの学習者用デジタル教科書の活用ポイント ·····

★①：デジタル教科書のネイティブ・スピーカー等が話す**音声を何度も聞く場面を設ける**。

★②：発表や友達とのやり取りで活用できる表現や言葉を見つけ出し、**書き込む**。

	学習活動
導入	デジタル教科書に設定されている登場人物等による発表映像を視聴し、どのような場面でどのようなことを話しているか推測する。
展開	自分が行きたい国の写真などで構成されたスライドを基に、ペアに対して、自分の行きたい国とそこでできることを紹介する。
	デジタル教科書のネイティブ・スピーカー等が話す音声を聞いて、自分が紹介する国をペアがより行きたいと思ってもらえるための表現や工夫を見つける。★①
	グループで意見を交流し、自分が紹介する国をペアがより行きたいと思ってもらえるための表現や工夫について考える。★②
	Unit1の音声を聞いて、Do you like？やWhat do you like？といった相手に問いかける表現を確認する

	再度ペアになり、自分の行きたい国とそこでできることなどを紹介し合う。
	上手にやり取りができていたペアの学級全体に対するやり取りを見て、自分の発表に生かせる部分を見つけ、再度自身の発表を見直す。
まとめ	本時で学習したことや次時に取り組みたいことなどをワークシートに記入する

★①について

「ネイティブ・スピーカー等が話す音声を聞く際は、児童が主体的に速度や繰り返し聞く箇所などを選択できる」ようにします。

充実のためのアイデア

○ 「自分のペースで何度も聞いてみましょう」

◎ 「何がわかればよい?自信がもてたら教えてください!」

活動前の投げかけが重要です。

「何がわかればよいのか」を明確にしたうえで指示を出し、児童とゴールイメージを共通理解します。その際、児童が「どうなっているんだろう」と疑問をもてるようにしましょう。

よくない例としては、児童がすでに聞きはじめている最中に、「ちょっとつけ加えがあります」などと、教師が新たな指示を入れてしまうことです。そうしてしまうと、活動が止まり、児童の集中力も途切れてしまうでしょう。

そうならないようにするには、事前の教材研究も含め、この場面で児童が何ができればよいかを明確にしておくことです。

★②について

　「デジタル教科書に書き込んだ内容について話し合うなど、交流することにより、コミュニケーションを行う目的や場面、状況などにより応じた内容に再構成することを促すことができる」ようにします。

充実のためのアイデア

○　「この後に交流するので、メモしておきましょう」

◎　「本文で参考になるところはあったかな？後から見返したときにわかりやすくしておくと、自分のためにもなるし、人にも伝わりやすいね！」

　児童自身が、デジタル教科書にメモするよさを実感できるようにすることが重要です。その際、自分で記号を決めておくことが考えられます。たとえば、「この表現を使った」であれば「赤線で囲む」、「いつか使えそう」であれば「赤で★マークをつける」といった案配です。

　また、「わからないところ」に「？マークをつける」ことにしておけば、誰かに尋ねることもできるでしょう。

　これまでであれば、教科書に直接書き込むことに対して抵抗感をもつ児童もいることから、教科書の紙面をコピーして書き込めるようにするといった取組をされていた教師もいたかと思います。

　それに対してデジタル教科書であれば、何を書き込んでもすぐに消すことができるので、抵抗感をもたせることなく、自分の気づいたことや覚えておきたいことをどんどん書き込んでいけるでしょう。自分に合った学び方を身につけられるチャンスとも言えます。

02

第1段階での教科書活用のアイディア例

単元名

Discover Japan

中学校第1学年 本時：第2時（全10時間）

TARGET 単元の目標 ....

　日本に来たばかりの地域の外国の方に対して、日本や自地域の魅力を伝えるために、簡単な語句や文を用いてまとまりのある文章を書くことができる。

POINT 著者オススメの学習者用デジタル教科書の活用ポイント ....

★①：使いたい表現のサポートになる場合は、自由に音声を聞かせる。

★②：自分が使いたい表現をデジタル教科書に書き残していき、そのメモも参考にし、使いたい表現をどんどん引き出せるように促す。

	学習活動
導入	ALT（JTE）の中学校の思い出を全体で共有し、その内容について質疑応答をする。
展開	教科書本文の Kate の思い出ブログを読んで、過去形（肯定文）の使い方を確認する。
	教科書の動画を見て、Kate のブログ内容を理解する。
	教科書本文の音読を一斉で練習した後、ペアでリピーティング、シャドウイングなどの音読メニューを自己選択し、練習する。★①
	ALT や Kate のブログの写真、Drill のイラスト等を使って、自分の思い出をペアの友達に伝える。★②

	伝えたくても伝えられなかった表現について全体で確認をする。
	ペアを替えて2回目のやり取りを行う。
まとめ	やり取りに工夫や変容が見られるペアの発表を全体で共有する。

★①について

　「現代の標準的な発音や語彙、表現などの確認等について個人のペースで学習することができる」ようにします。

充実のためのアイデア

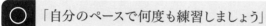 「自分のペースで何度も練習しましょう」

 「カタカナ英語と、ネイティブ・スピーカーの話す音声や抑揚はどう違う?カタカナ英語では外国の方に伝わりにくいことがあるので、違いを意識して、伝わる自信がもてるまで練習しましょう!」

　生徒が主体的に学習に取り組むためには、生徒が自己評価できるようになることが大切です。そのためには、自分のどのような学習をどう評価するのかが適切なのかを生徒自身が知っている必要があります。

　このとき、あまりにも事細かく自己評価の視点を設けてしまえば、評価のための学習になってしまう怖れがあります。

　また逆に、5段階評価のような簡易的な自己評価であれば、自己評価したことを次の学習にどうつなげていけばよいのかがイメージしくくなってしまうでしょう。

　そこで、両極端にならないように配慮しながら、最低限どのような視点で自己評価を行えばよいか、次の学習に生かすためにはどのようなイメージをもてばよいかについて、教師が適切な投げかけを行うことが大

切です。

★②について

「書き込みを通じて自分の考えを深めたり、生徒同士で考えを確認し合ったりすることで、より適切な表現を選んで伝え合うことができる」ようにします。

充実のためのアイデア

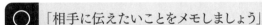 「相手に伝えたいことをメモしましょう」

 「相手が伝えたいことの中心はどこでしょうか？　相手の発表を聞きながら、関係あるところに線を引いて、一言つけ加えましょう！」

　「メモ」は、自分の学習の足がかりにしたり、気になった友達の意見を忘れないように覚え書きをしたりしておくためのものです。ただ、いずれも自分のために行うためのものであることから、乱雑に書いてしまい、あとで読み返しても、なんのために書いたのかわからなくなってしまうこともあります。

　そこで、生徒がメモした内容を画面で共有できるようにし、それを読んだ相手が理解して、改善の参考にできる内容となるように「一言つけ加えましょう！」と伝え、相手意識をもたせることも考えられます。

　その際、中心となる一言を文字で示し、補足情報は英語でやり取りできるようにするとよいでしょう。

参考資料
文部科学省サイトにおいて、上記の実践事例や、研修動画が掲載されています。
URL:https://www.mext.go.jp/a_menu/shotou/kyoukasho/seido/1407731.htm

03
第1段階での教科書活用のアイディア例

単元名
Research Your Topic

中学校第2学年 本時：第4時（全11時間）

TARGET 単元の目標

　日本に来たばかりの ALT に自分たちのことをよりよく知ってもらうために、互いの好きなものやその理由などについてインタビュー活動を行い、その調査結果に基づいて、学級で人気のあるものや好きなものについて、伝える順番や内容に留意してわかりやすく伝えることができる。

POINT 著者オススメの学習者用デジタル教科書の活用ポイント

★①：インタビュー活動をより効果的に進めるために、デジタル教科書の書き込み機能を活用する。

★②：インタビューした記録を参考にしながら、インタビューの内容を伝え合う。

	学習活動
導入	本日の授業のねらい、流れについて、モデルを示しながら確認する。同時にデジタル教科書のトピック例を基に書き込み機能等の確認を行う。
展開	調査するトピック及び質問内容を考え、デジタル教科書に書き込む。★①
	インタビューで聞きたい内容ややり取りを効果的に進めるために既習の表現をデジタル教科書から引用したり、音声の確認をしたりする。
	準備したトピック及び質問内容を基に、クラスメイトにインタビュー調査を行う。

	インタビュー調査の記録を基に、ペアでインタビューの内容を報告し合う。★②
ま と め	インタビュー調査の記録を基に、調査結果を英語で書く。

★①、★②について

「書き込みを通じて自分の考えを深めたり、生徒同士で考えを確認し合ったりすることで、より適切な表現を選んで伝え合うことができる」ようにします。

充実のためのアイデア

○ 「この後に交流するので、メモしておきましょう」

◎ 「書き込みは自分の足跡です。後で見直したときに、何が残っていればよいですか?記憶に頼らず、記録を大切にしましょう!」

学習者用デジタル教科書を交流のツールとするためには、他の人がどのような考えをもっているかがわかる必要があります。そのため、本文等で自分が使えそうだと思った表現やわからなかった部分に下線を引いたり、自分が感じた気持ちなどを書き込むよう促します。

最初は教師が「○○を書き込みましょう」「他の人と比べましょう」と指示を出すことが考えられます。また、「単元最初と比べてできるようになったことは?」「最初に読んだときはどう思った?」などと自己調整を促す言葉かけも有効です。これにより、「メモしておくとよいことがある」と生徒が実感できます。ただし、人によって適した学習方法は違います。それを踏まえて、最終的には生徒自身が学び方を選択できる指導計画を立てておくことが重要です。

第2段階の学習者用デジタル教科書活用の考え方

教材やソフトウェアとの組合せ

　第2段階では、学習者用デジタル教科書と教材やソフトウェア等を組み合わせます。この段階の学習を充実するには、子どもが一定の操作法を身につけておく必要があります。

　1つ目は画面分割です。

　次頁の**資料1**のように1画面を左右に分割し、たとえば学習者用デジタル教科書と学習支援ソフトウェアや教材をモニターに表示します。

　右側にスプレッドシートを配置するのでもよいし、カフートを配置するのでもかまいません。

　ほかにも、左側に配置した学習者用デジタル教科書の一部を画面キャプチャして右側のGoogleドキュメントに貼りつけたり、学習者用デジタル教科書の画面を見ながらカフートの問題に回答したり語句をインターネットで検索したりできるようにするのもよいでしょう。

　要は、画面を2分割表示することによって左右に表示した情報を比較したり、左側の資料に基づいて右側に自分の気づいたことや考えたことを入力したりすることができるようになります。これは、デジタルの特性を生かし、自分の学びやすい状況を端末上につくるという考え方です。

　また、デジタルが紙より圧倒的に優れている検索機能も活用したいところです。

　加えて、キーボードを操作する際、ショートカットキーを覚えて使えると、活動効率が格段に向上します。

資料1　画面分割のイメージ

学習者用
デジタル教科書

Google
ドキュメント

〈子どもが身につけておくとよい4つの端末の操作法〉

1　ショートカットキー

〈ショートカットキーの例〉（OSによって操作法が異なる点に留意）

[Ctrl + Z] 一つ前に戻る

[Ctrl + X] 選択した文字列などを切り取る

[Ctrl + C] 選択した文字列などをコピーする

[Ctrl + V] コピーしたり切り取ったりした文字列などを貼り付ける

など

2　画面分割

【Windows】

①開いているウインドウを画面の左半分に配置したい場合

②開いているウインドウを画面の右半分に配置したい場合

【Chromebook】

①開いているウインドウを画面の左半分に配置したい場合

Alt	+	[

②開いているウインドウを画面の右半分に配置したい場合

Alt	+	]

https://support.google.com/chromebook/answer/177891?hl=ja

【iPad】

・画面上部にあるマルチタスクボタン ••• をタップする。

・Split View のボタン ▢▢ をタップする（右と左が選択可）。

https://support.apple.com/ja-jp/guide/ipad/ipad08c9970c/ipados

3　画面キャプチャ

【Windows】

①画面全体をキャプチャする場合

②画面の一部をトリミングしてキャプチャする場合

> ⑦の長方形モード、①の自由形式モードは、クリック＆ドラッグ
> でキャプチャする領域を決めます。
> ⑦のウインドウモード、⑤の全画面表示モードは、キャプチャは
> すぐに行われます。

【Chromebook】

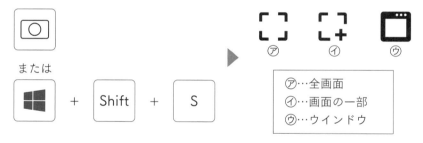

> ⑦…全画面
> ①…画面の一部
> ⑦…ウインドウ

【iPad】

①ホームボタン搭載モデル　②ホームボタン非搭載モデル

4　キーワード検索

Windows と Chromebook の検索方法は同じです。

【Windows】

Ctrl ＋ F

【Chromebook】

Ctrl ＋ F

【iPad】

　画面上にある虫眼鏡アイコンを見つけ、それをタップもしくは検索窓にキーワードを入力します。（例はメモアプリ）

第 2 段階でのデジタル教科書活用のアイディア例：画面キャプチャ機能の活用

単元名

My hero is my brother.

小学校第 5 学年 本時第 6 時（全 8 時間）

TARGET 単元の目標 ....

　身近なヒーローの「すごい！」を ALT に伝えるために、職業や性格、できることなどが伝わるように情報を整理したり、必要な語句を書き写したりして発表することができる。

POINT 著者オススメの学習者用デジタル教科書の活用ポイント ....

★①：キーワード検索をして必要な表現を探し、画面キャプチャの機能を使って仮の発表原稿を作成する。

★②：画面を 2 分割表示にして、左側に発表メモ、右側に Google ドキュメントを開き、音声入力をしたときに発表メモと同じになるかを確かめる。

	学習活動
導入	デジタル教科書に設定されている発表映像（身近なあこがれの人について）を視聴し、内容や表現で気づいたことをメモする。どんな話だったかをグループで共有し、自分の発表の見通しをもつ。
展開	自分のあこがれの人を 1 人選び、どのような内容について発表するかをメモする。
	自分が発表したい内容について、学習者用デジタル教科書等でキーワード検索を行い、表現したい英語を探す。★① 見つけたら、画面キャプチャ等を行い、発表メモ（Google ドキュメント等で作成）に貼りつけていく。

	発表メモ上で、内容の順番を入れ替えたり、不必要なものを削除したりして情報を整理する。
	左側に整理された発表メモ、右側に新規の Google ドキュメントを開く。★②
	発表メモを見ながら、Google ドキュメントに音声入力を行う。メモどおりに文字が入力されるかを見ることにより、思うように英語が言えているかを確認する。
	必要に応じて、画面キャプチャした学習者用デジタル教科書のページに戻り、英語の音声を確認しながら言えるように練習する。
	今後、自己調整をさらに図ることができるようにするために、自分の発表する姿を録画しておく。
まとめ	自分の思いを十分に伝えるために、言いたいけれど今日の検索では見つからなかった表現や、発表の際に準備する写真等についてメモし、発表に向けて、いつ何をするかの見通しを記入する。

★①について

　事例では「自分の考えを構築する際、デジタル教科書にある挿絵や絵辞典を活用することで、視覚的にもわかりやすく整理することができる」ことが示されています。

充実のためのアイデア

「教科書の表現を抜き出しましょう」

「自分の伝えたい思いが伝わるように、まずは検索機能を使って様々な情報を集めましょう。整理するのは、その後で大丈夫！並べ替えたり、消したりするのは、デジタルが便利ですよ」

　何をやるのかということだけではなく、なぜやるのかという目的や、

そこに至るイメージを子どもと共有することが大切です。それと同時に、デジタル教科書を使うよさを伝えます。

　抜き出すだけでは写し学習であり、思考が働いていません。精査する過程が大切です。その際、ノートや紙では、書き直しを行うのがたいへんですが、デジタルであれば何度でも簡単に書き直すことができます。そのよさを実感することにより、違う場面で問題解決を行う際に、デジタル教科書を使うかどうかを自己決定できるようになります。

★②について

　事例では「デジタル教科書を活用したり、学習支援ソフトで情報を共有したりすることにより、他者との意見を比較したり、新たな気づきを得たりするにつながる」ことが示されています。

　ここでは、1画面を2分割することにより、自分自身で新たな気づきを得るイメージをお伝えします。

充実のためのアイデア

　「発表に向けて練習をしましょう！」

　「発表に向けて、音声入力で自分の発話が正しく文字化されるかを確認し、ALTの先生に伝わる発表になるように改善しましょう」

　発表に向けての練習と言われて、何をするかはわかるものの、それだけでは動機づけとしては弱いと考えます。「自己決定理論」を参考に、「先生に叱られるから」といった段階から「自分にとって重要だから」「自分の力を高めたいから」という段階に移行するように働きかけます。

　ALTに伝わるように英語をできるだけ正しく話そうという意識づけを行ったうえで、Googleドキュメントの音声入力を活用することで、自分の目標を達成したかどうかを自分自身で評価することができます。

　目的に向けた動機づけをしっかり行ったうえで、メモを見ながら音声入力するという手段を子どもが知ることで、目標達成に向けた効果的な使い方を身につけることができます。

第2段階でのデジタル教科書活用のアイディア例：画面キャプチャ機能の活用

単元名

I want to join the brass band.

小学校第6学年 本時第1時（全7時間）

TARGET 単元の目標 ....

　自分の目標について中学生からアドバイスをもらうために、部活動など中学校でやってみたいことと理由を伝えることができる。

POINT 著者オススメの学習者用デジタル教科書の活用ポイント ....

★①：画面を2分割表示にして、左側に中学校から送られてきた部活動紹介動画、右側にGoogleスライドを開き、活動曜日や人数などをまとめる。

★②：画面を2分割表示にして、左側に動画、右側にGoogleドキュメントを開き、自分が興味ある部活動とその理由についての発表メモを作成する。

	学習活動
導入	進学先の中学校に依頼して送付してもらった「中学生が英語で部活動を紹介した動画」を視聴し、単元最後に自分が興味ある部活動や中学校でやってみたいことを動画にまとめて送付する見通しをもつ。また、本時の最後に、もう一度動画を視聴し、内容を仮にまとめることを確認する。
展開	ジングルを聞いたり言ったりして、部活動を表す英語に慣れ親しむ。
	教科書の登場人物がやってみたい部活動や理由を聞き取る。その際、最初の1問は教師と共にやり取りしながら行うが、残りは各自で興味があるところから取り組むようにする。
	チャンツを聞いたり言ったりして、やってみたい部活動を尋ね合う表現に慣れ親しむ。

	動画を再度視聴し、わかったこと（活動曜日、所属人数、オススメポイントなど）をスライドにメモする。★①
	必要に応じて、メモをお互いに見合って内容を確認したうえで、個々の必要に応じて再度動画を視聴する。
	画面を2分割表示にして、左側に動画、右側に Google ドキュメントを開き、自分が興味ある部活動とその理由についての発表メモを動画の画面キャプチャを行いながら作成する。★②
まとめ	最初に動画を見たときと最後に見たときの印象を比較し、部活動や内容に関して聞き取ることができるようになったことや、単元終末の言語活動を見通したうえで、今後、自分に必要なことを書き残す。また、今後の取組案を作成する中で、家庭学習で学習者用デジタル教科書を活用することも計画する。

★①について

　事例では「ネイティブ・スピーカー等が話す音声を自分のペースで、何度も再生するなどして、語彙や表現を活用するための学習を行うことができます」と示されています。

　本時では中学生が話す英語について、何を聞き取るかを明確にしておくことで、自分のペースで納得するまで取り組むことができます。

充実のためのアイデア

 「何曜日に活動しているかを聞き取りましょう」

 「部活動は毎日やっているのかな。すべての部活動は、同じ曜日に活動しているのかな。人数が一番多い部活動はどこかな。いろんな意見が出ているので、確かめてみましょう。卒業生が話す英語のレベルも要チェックです！」

英語を聞き取ることを指示するだけでは、動機づけにはなりません。聞く目的を共有することが大切です。だからこそ、導入時の動機づけが重要です。

たとえば、予想を促して多くの意見が出た後に、その答えを確かめるために聞くということが考えられます。また、知り合いの中学生が英語を話しているという視点を示すことで、どのように話すのかという興味を掻き立てることにもなります。

本時での動画視聴2回目になるので、1回目の導入の成否が重要です。2回目の前は、導入に話したことを確認する程度にするのがよいでしょう。

★②について

事例では、「学習支援ソフト等に教科書のスクリーンショットを貼りつけることで、自分だけの語彙や表現のストックができあがり、言語活動を行う際等に活用することができる」ことが示されています。

ここでは、動画の画面キャプチャを貼りつけ、発表に向けたメモを作成します。この時点では日本語が多くてもよく、学習を進めるごとに言える英語や書ける英語を増やしていきます。そのために、Google スライドで作成し、毎時間そのコピーを作成して上書きしていくことにより、自分の成長を時系列で視覚的にわかるようにします。

充実のためのアイデア

○	「興味ある部活動とその理由について発表メモを作成しよう!」
◎	「興味ある部活動とその理由について、教科書を参考にして、中学生に伝えたいことを今の自分の力で書けるだけ英語で書いてみましょう。書けないところは日本語で書き、単元最後までに『これだけは書く』といった目標を立てたり、学習者用デジタル教科書を使って家で課題解決を図ったりしましょう!」

　教師は、発表メモを改善したり、表現をつけ加えたりしていくことを期待していますが、学習者である子どもも同様だとは限りません。言われたことをやっているだけの可能性があり、改善してよいというイメージがないことも考えられます。

　自立した学習者を育てたり、自己調整を図る力を身につけたりするためには、目標や見通しといった「計画」を自分自身がイメージできるようにすることが大切です。そのために、いつ何ができるようになればよいのか、課題を解決する方法にはどのようなものがあるかを子どもと共有しておくことがポイントになります。

03

単元名

Is AI a friend or an enemy ?

中学校第 3 学年　本時第 7 時（全 7 時間）

TARGET 単元の目標 ………………………………………………………………

　社会的な話題（AI：人工知能）について書かれた文章を読み、読んだことを基に考えたことや感じたことを、友達の意見等を踏まえたうえで、英文を引用したり内容に言及したりしながら伝え合うことができる。

POINT 著者オススメの学習者用デジタル教科書の活用ポイント ………………

★①：画面を 2 分割表示にして、左側に教師が教科書の内容について作成したカフートの画面、右側に学習者用デジタル教科書の画面を開き、キーワード検索をしながらカフートの問題に答える。

★②：画面を 2 分割表示にして、左側にリテリングの発表メモ、右側に Google ドキュメントを開き、友達に発表しながら同時に音声入力をすることで、内容については友達からフィードバックをもらい、英語については後で自分の英語の正しさを確認する。

学習活動
導入 教師がカフートで作成した、教科書の内容にかかわるクイズに答える。その際、必要に応じて 2 分割表示にしたうえで、カフートの問題の要点をコピーして学習者用デジタル教科書内で検索することにより、クイズの答えを見つけやすくすることが考えられる。★① ※回答時間の設定は普段より長めに設定しておく。
展開 仮定法を用いたスモールトークを行い、ペアでお互いに質問し合うようにする。 例：もしタイムマシーンがあったら、過去に行く？未来に行く？（If I had a time machine…）

これまでの授業で作成したリテリングの発表メモを開き、個人で練習する。その際、教科書本文やポイントとなるキーワードについては、学習者用デジタル教科書の読み上げ機能などを使って、自分のペースで何度も練習する。

※特に、ある程度言える生徒に対しては、ネイティブのスピードや音声にできるだけ近づくことを促すなど、適切な動機づけを行うようにする。

リテリング①を行う。その際、発表メモを左側、Google ドキュメントを開いて右側に配置する。★②

発表メモを参考にしながら相手に伝えると同時に、Google ドキュメントで音声入力を行っておく。終わった後、相手からは内容についてのフィードバックをもらい、リテリングのメモに追記しておく。また、音声入力された英語を見直し、正しく言えていない部分については、再度自分で練習を行う。

言いたくても言えない表現があれば、教師や友達と一緒に考える時間（中間指導）を必要に応じてつくる。

リテリング②を行う。①とはペアを変えて行う。②の様子は、動画で撮影しておき、撮影した動画はパフォーマンス評価として扱うため、クラウドに保存（提出）する。その際、たとえば３日後までは修正してよいことにするという見通しのもと、よりよい発表に向けて自己調整を図れるようにする。

| ま と め | 教師が AI について自分の考えを英語で語るのを聞き、本単元のまとめとして考えたことを自分の言葉で書く。 |

★①について

　内容の確認を活動のねらいとするだけではなく、情報活用能力育成をねらいとすることも考えられます。

充実のためのアイデア

 「クイズに答えましょう！」

「教科書の内容についてのクイズなので、確実に正解するためには、教科書本文を確認すればよいですね。限られた時間のなかで行うには、どうすればよいですか？　そうですね。画面分割や検索の機能をうまく使ってください！」

　子どもたちにとってはクイズに答えることが目的になるかもしれませんが、教師は手段として位置づけておく必要があります。内容を読み取るとともに、画面分割や検索といったデジタルならではの機能を使うよさを実感する機会にしましょう。そのためにも、そのよさを実感できるように、事前の投げかけが重要です。

★②について

　事例では「リテリングを通してペアの相手に伝える際に、デジタル教科書を活用したり、学習支援ソフトで情報を共有したりすることにより、他者との意見を比較したり、新たな気づきを得たりすることにつながります」と示されています。

充実のためのアイデア

「ペアの相手に発表しましょう！」

「ペアの人に自分の考えた内容が伝わったかを、後で聞いてみましょう。英語が正しく言えていたかは、Google ドキュメントで後から確認しましょう。発表した後に、よりよく自己調整することが大切です！」

　教師が「発表しましょう！」とだけしか生徒に伝えていなければ、「とりあえず発表すればよい」がゴールとなってしまいます。もちろん教師は、よりよい発表を目指してほしいと願っているのですが、なかなか生

徒には伝わりにくいものです。

　また、内容面と英語面の両方をペアの相手にフィードバックしてもらうことも考えられますが、実際は大人でもむずかしいことでもあるため、現実的ではありません。

　そこで、ペアの相手には、聞いた印象も含めた内容面に限定してフィードバックしてもらうようにします。気持ちの受け止め等は、人間だからこそできるからです。

　一方、英語の正確性については、AI でも代替可能でしょう。さらに言えば、文字として表現されるため、修正も容易ですし、次につながるものになります。目的に応じて使い分けを行うことが大切だと考えます。

自立した学習者を育てる

■デジタル一斉授業からの脱却

　「教科書・教材・ソフトウェアの在り方ワーキンググループ」（中央教育審議会初等中等教育分科会 個別最適な学びと協働的な学びの一体的な充実に向けた学校教育の在り方に関する特別部会、以下、WG）では、全国で行われた実証事業の結果をもとに、今後の学習者用デジタル教科書の在り方について議論されています。

　この議論の中で、「デジタル一斉授業からの脱却」という言葉が頻繁に登場します。これは、「教師が自身の授業観を変えられなければ、いくらICT機器を活用していても、子どもは自立した学習者にはなれない」という指摘です。

　この「デジタル一斉授業」にはいくつかのタイプがありますが、イメージしやすいのは、次に挙げるような教師の指示例でしょう。

● 今から電源を入れます。電源を入れたら、パソコンを開きましょう。そこまでできたら、手をひざの上に置き、よい姿勢で待ちましょう。
● インターネットに接続して、○○というキーワードを入力してください。検索結果から□□というサイトを選び、△△についての情報を見つけてください。

　このように、学習に必要な行動のすべてを教師が指示するといったもので、子ども自らが思考する余地のない授業です。「デジタル一斉授業」と言っていますが、デジタルならではの一斉指導ということではなく、

アナログにおいても課題が指摘されてきた一斉・画一指導だと考えれば
わかりやすいでしょう。

　ほかにも、（教師による直接的な指示ではなくても、ソフトベンダーが開発した）
学習用プラットフォームの手順どおりに学習を進めさせる（それ以外の使
い方をさせない）授業も、「デジタル一斉授業」の一つだと思います。

　これらは、ICT 活用の頻度や指導技術の優劣の問題ではなく、学習観
や授業観にかかわるもので、古くて新しい課題だと言えるでしょう。

■教科書が紙からデジタルに置き換わるということ

　WG は、「令和4年度の学習者用デジタル教科書の活用は、教師主導
の授業の枠の中で行われていた」と指摘しています。この指摘の裏側に
は、学習者用デジタル教科書の使い方を抜本的に変えることができれば、
学習者主体の授業にすることができると示唆していると思われます。

【学習者用デジタル教科書活用に関する有識者の意見】

令和の日本型学校教育で目指していこうとしていることは、
個別化するとか協働化するということですけども、それを通
して**自立した学習者になっていくという話が大事**で、多様性
と同時に自立的になっていくことが大事だと思うんです。実
はそれを阻害してきたのが教科書だと僕なんかは認識してい
るわけです。

今回、見せていただいた実践というものが、私も参加させて
いただいた中で言えば、中央教育審議会の新しい時代の初等
中等教育の在り方特別部会とかで話されたような、本当に未
来の在り方（※）ということを考えていこうというところと
随分かけ離れたような実践が出てきているんじゃないかとい
うことには残念だと思っています。もちろん過渡期かもしれ
ないという中で、令和6年でという話かもしれませんが、
それにおいても、**今の現状のデジタル教科書の使い方も含め
た機能も含めたものに、令和の日本型学校教育の構築という
中で語ってきたようなことの教育改革が見えない**というのが
正直な気持ちです。

※最終的には「令和の日本型学校教育」の構築を目指して（答申）としてまとめられています。

**教師が教えるという部分はありますが、子供に委ねて学ぶ方
向に向かうということが今、大事なこと**だと思います。です
ので、それがやりやすいデジタル教科書である必要というこ
とを思います。ですので、教師が教えるためにいろいろな機
能があり、それを使う単線的なものではなくて、子供が自由
に選択して、複線的に取り組むことができることが重要だと
思います。例えば、先ほどご紹介頂いた共有のように、先生
が選んで一斉に共有するだけではなく、個別に、子供たちが
自由に見に行くことができる複線というか、個別共有という
ようなことができるようにする必要があります。

▎教材から学習材への転換

　WGは、「紙の教科書は教材、デジタルは学習材」であり、「紙の教科
書とデジタルの教科書の違いは、物理的な問題だけではない」と指摘し
ています。これは、どういうことでしょうか。

　「教材」は「教えるための材料」ですから、その主語は「教師」にな
ります。それに対して「学習材」は「学習するための材料」なので、主

語は「子ども」になります。つまり、WG で議論されていたことは、「教科書を、教師が教えるための材料から、子どもたちが学習するための材料にしていきましょう」ということです。

　両者の違いをイメージしやすくするために、一例を挙げましょう。

　小学校 1 年生算数の教科書には、次のような問題が載っています。

> リンゴが 3 こあります。2 こもらいました。あわせてなんこですか。

　この問題を解かせるに当たって、1 年生の担任教師であれば次のように話をすることがあるのではないでしょうか。

　「先生は昨日、帰りにスーパーで大好きな果物を買いました。何かわかる？　そうそう、リンゴです！　3 個パックを買いました！　家に帰ると、なんと先生のお母さんもリンゴを買ってきていて、机の上に 2 個置いてありました。先生はとってもうれしくなって、全部食べちゃいました！　食べ過ぎたと反省しています…。ところで、先生はリンゴを全部で何個食べたと思う？」

　こうした話をすることの意図は、1 年生にはイメージしにくい数理的概念を実生活に結びつけ、「教える必要があること」（大人の論理）を、「学んでみたいこと」（子どもの意欲）にスイッチすることにあります。こうした教師による指導が、紙の教科書においては欠かせないものでした。

　それに対してデジタル教科書であれば、ただ問題が載っているだけでなく、動画をはじめとして様々な情報に触れられるようになっています。そのため、教師によるたとえ話がなくても、子どもがデジタル教科書の活用法を身につけていれば、自分で学習を進めていくことができます。

　もちろん、なかにはそうできない子どももいます。そこで教師は、そうした子どもたちのサポート役に回ることになります。つまり、自ら主導性を発揮して子どもの学習を引っ張っていくのではなく、学習を子どもに委ね、つまずく子どもがいればサポートするといった指導に切り替

わるということです。これが、「教科書を学習の材料にする」という意味になります。

　そのためにも、（可能な限り）教師を介することなく、子ども自らが情報にアクセスし、自分なりに思考できる環境をつくることが重要だと言えるでしょう（この考え方は、序章で紹介したブランソンの「情報技術モデル」とつながります）。

自立した学習者の育成が急務である理由

　令和3年に公表された中教審答申は、「令和の日本型学校教育」と銘打ち、「全ての子供たちの可能性を引き出す、個別最適な学びと、協働的な学びの実現」について提起しています。このような学びにパラダイムシフトするには、教師主体の授業から学習者主体の授業に変えていく必要があります。この「学習者主体の授業」の実現に一役買うのが学習者用デジタル教科書です。

　ただし、教師が自らの授業観を変えれば、即座に授業が学習者主体になるわけではありません。そもそも学習者である子どもたちが、自分の学習に対して自立的である必要があるからです。つまり、自立的学習者を育成することこそが先決だということです。

　答申においても、次のように指摘しています。

> 　学校の臨時休業中、子供たちは、学校や教師からの指示・発信がないと、「何をして良いか分からず」学びを止めてしまうという実態が見られたことから、これまでの学校教育では、**自立した学習者を十分育てられていなかったのではないか。**（下線は筆者）

　一人一台端末が実現して以降、数多くの学校・学級で積極的にICTが活用されるようになりましたが、この数年は「まずは教師自身がICT活用に慣れる」フェーズだったと思います（もちろん、その間にも学習者主体の授業づくりにチャレンジしていた先生方は少なからずいます）。

　それに対してこれからは、ICTを活用しながら「自立的学習者を育成する」フェーズに入っていく必要があります。そうでなければ（たとえば、再び長期臨時休業を行わざるを得なくなったときなどは）子どもの学びを止めてしまうことでしょう。

　序章で紹介した政策パッケージでは、「自ら学びを構成し、試行錯誤しながら、自ら課題を設定し課題に立ち向かうこと」を求めており、教育振興基本計画においても、「自己の主体性を軸にした学びに向かう一人一人の能力や態度を育む」ことを重要視しています。

　遡って、平成28年に公表された中教審答申では、「主体的に学習に取り組む態度」の評価にかかわって、次のように指摘しています。

> 　子供たちが自ら学習の目標を持ち、進め方を見直しながら学習を進め、その過程を評価して新たな学習につなげるといった、**学習に関する自己調整を行いながら、粘り強く知識・技能を獲得したり思考・判断・表現しようとしたりしているかどうかという、意思的な側面**を捉えて評価することが求められる。　　　（下線と傍点は筆者）

　この点に関して私の知る限り、趣旨としては学校現場の理解が得られているものの、「実際に何をどうすればよいか」という方法論については理解が追いついていないのではないかという印象があります。

　たとえば、次のような認識です。

● 「学習の自己調整」は、「主体的に学習に取り組む態度」の評価のために必要なことであるといった認識がある（「個別最適な学び」と「協働的な学び」を実現するために欠かせないことであるという認識が薄い）。
● 「主体的に学習に取り組む態度」はどの教科等においても掲げられている「評価の観点」の一つであるが、評価規準は教科等ごとに異なることから、教科等ごとに別々の「学習の自己調整」の仕方を身につけさせなければならないのではないかという認識がある。

資料1　内発的動機づけと外発的動機づけとの関係

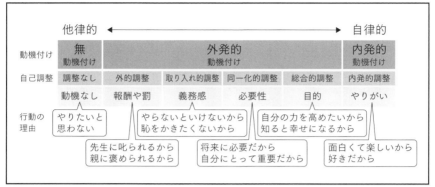

Deci & Ryan（2002）を基に作成・筆者追記

多くの教科を教える小学校教師にとっては特に、何からはじめればよいのか迷ってしまうこともあるでしょう。そこで、ここでは「動機づけ」と「自己調整」に着目し、学習者用デジタル教科書を有効活用するための土台となる考え方について述べたいと思います。

■子どもにとって必要感のある課題が鍵

自立した学習者を育成するには、「意識面」と「行動面」の双方から、学習の動機づけを図ることが必要です。

このうち、意識面の動機づけについては、自らやる気になる内発的動機づけと、まわりからの働きかけでやる気になる外発的動機づけがあり、対比的に語られることがあります。それに対して、Deci & Ryan（2002）は、資料1に示すように連続していると考えました。

神藤（2017）はこの図のなかで、外発的動機づけの3段階目にあたる「同一化的調整」が着目されてきていると指摘しています。

学習指導要領においても「生きて働く知識・技能」を重視しており、学習を通じて「自分が学んでいることが、将来の自分の役に立つ」という必要感をもてるようにすることが、学習への動機づけにつながることを示唆しています。

　このことから紐解けるのが、「課題」（問い）です。教師がいかにして「子どもが『知りたい』『解決してみたい』と思える課題」を提示して意欲を高め、その意欲を維持できる働きかけを行えるかが重要だということです。

「むずかしいけど、がんばれば自分にもできそうだ」と思える学習

　昭和の時代から重視されつづけてきた課題解決学習（小学校社会科であれば問題解決的な学習）ですが、（本質的な理解と指導力に長けた教師による授業を除き）多くは手続き的な学習になっていたように考えられます。その理由は課題解決学習のハードルの高さにあるわけですが、そのハードルを越えるためにも「自己調整学習論」の考え方が参考になります。

　「自己調整学習論」には、「予見（見通し）」「遂行コントロール」「自己省察」の段階があります（**資料2**）。

　「予見」段階では、「目標」「学習方略」が子どもにとって「むずかしいけど、自分にもできそうだ」と思えることが必要で、そのためには子どもの「自己効力感」を高め、学習に対する「興味」を引き出すことが重要です。OECD「2030年に向けた生徒エージェンシー」においても、次のように述べられています。

> 　生徒が自らの学習のエージェント（agents）であるとき、つまり**何をどのように学ぶかを決定することに積極的に関与するとき**、生徒はより高い学習意欲を示し、学習の目標を立てるようになる。
>
> （下線は筆者）

　この指摘からもわかるように、一口に「目標」といっても、従来のように教師が教材研究を通じて立てた目標を一方的に与えるというのではなく、「何をどのように学ぶか」に対する子どもの意志的な関与があってはじめて「予見」段階の条件を満たす「目標」になるということです。

資料2　自己調整学習論の構造

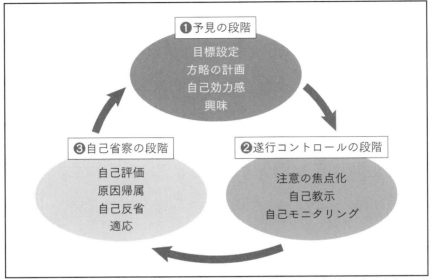

❶予見の段階
目標設定
方略の計画
自己効力感
興味

❸自己省察の段階
自己評価
原因帰属
自己反省
適応

❷遂行コントロールの段階
注意の焦点化
自己教示
自己モニタリング

※伊藤（2009）を参考に作成

　このとき気をつけるべきは、「教師は学習の目標を立てなくていい」「単元目標も子どもに立てさせる」わけではないという点です。ここでいう「目標」とは、子どもが自分の学習を意欲的に進めていくための指針の・・・・ようなものだ（自分の学習は何を目指してくのか）と考えればよいでしょう。・・・・・・そのため、単元目標や単元計画、本時のねらいなどについては、従来どおり教材研究や授業準備を行って教師が考えておかなければなりません。そのうえで、子どもの意思的な関与に働きかけ、必要に応じて計画等を修正します。

　「遂行コントロール」段階では、自己モニタリングを行います。これは、自分の学習の進捗状況を確認したり、どの方略が有益であるかを判断したりする段階です。

　「自己省察」段階では、学習の達成度を自己評価します。そのためには、子ども自身が考えた自分の学習目標と学習結果を比較できるようにすることが必要です。そうでないと、「がんばった」「おもしろかった」といっ

た感想にとどまる自己省察となります。

　とはいえ、情意的な感想も、次の学習意欲につながる重要な要素の一つです。そのため、感想ではダメだと言いたいわけではありません。感想に加えて自分が学習したことの振り返りとなっていることが必要だということです。この振り返りが、次の学習につながるサイクルの結び目となります。感想で終わっている場合は、より内発的な動機づけとなるように、「確かにこれが重要だね」と必要性を認めたり、「自分の力を高めるには、何が必要かな？」と目的について内省を促したりするように、コメントを書くことが考えられます。

第3段階に向けてのポイント

　最後に、ここまでのポイントを箇条書きで整理しておきましょう。

【目的】
・デジタル一斉授業から脱却する。

【考え方】
・教科書観を、「教師が使う教材」から「子どもが使う学習材」に変える。
・学習材として教科書を使うことができるように、自立的に学ぶことができる環境をつくる。

【教師に求められる行動】
・「やらないといけない」という言葉かけではなく、子ども自身が「自分にとって重要だ」「力を高めたい」と思えるような言葉かけを行い、内発的動機づけを促す。
・自分に「できそうだ」という課題（問い）を設定する。
・目標を自ら決め、学習過程において自己調整を行う機会や環境を整え、最後に（次の学習につなげる）振り返りを行うことができるようにする。

参考文献

●伊藤崇達著『自己調整学習の成立過程―学習方略と動機づけの役割』北大路書房、2009年

●神藤貴昭「『自己調整学習』論の可能性：動機づけと個人差にかかわる課題に焦点を当てて」立命館教職教育研究 4. pp.23-32,2017-3

● Deci, E. L., & Ryan, R.M.（2002). Self-determination reserch: Reflections and future directions. In E.L. Deci & R.M. Ryan（Eds.), Handbook of self-determination research（pp.431-441). University of Rochester Press.

学習の新たな可能性

■単元内自由進度学習を行う意義

　関根（2006）は、ハーバード大学心理学教授ハワード・ガードナーの研究による「多重知能理論」を基に、「人それぞれ得意とする『学ぶ方法・学習スタイル』があり、それに合った教え方をされるとよく学ぶことができる」と指摘し、だからこそ教師は、教える相手個々人の学習スタイルに合った教え方をすべきだと主張しています。

　考え方としてはそのとおりだと思います。問題は、教室にいる子どもたちの数だけ最適な「学び方」があるのだとしても、そのすべてに対して教師が対応することは現実的ではないという点です。

　関根も教育現場に無理を強いる主張をしているわけではなく、「本人が『学ぶ』ことが第一」と述べ、「どのように学習すれば自分の力を伸ばせるのか」に対して子ども自身が自覚できることが大切だと言います。

　私たち教師も、これまで「個に応じた指導」の充実に取り組んできたわけですが、「個で考える時間を何分にすれば全員が学べるか」「今回は、どの思考ツールを使わせようか」といった取組にとどまっていたように思います。

　それ自体はけっして悪いことではなく、（前述した）すべての子どもの「学び方」に合わせる指導の困難さから生まれた教師の知恵（集団を通じて個の学びに応じる）であったように思います。それが、一人一台端末が実現したことで、教師による主導的・直接的な指導によってだけではなく、「自分に合った学び方を子ども自らが選ぶ」という学習の新たな可能性が大きく広がりました。

ただし、子どもが学び方を選べる環境が整ったとはいえ、それだけで子どもが自立的に学習を進められるようになるわけではありません。ここに教師に求められる指導性があります。

　子どもが自立的に学習を進めるには、失敗経験も含め、学習の成果と課題に対して自ら責任をもてるようになっていることが必要です。そのためには、子どもが「自分が解決したいと思える課題は何か」「どうやってその課題を解決していけばよいか」（学習方略）をもてるように、教師が入念に授業を構想することが欠かせません。こうした学びを実現する方法の一つとして最近注目されているのが単元内自由進度学習なのです。

　その充実のためには、自己調整学習論の考え方を取り入れることに加えて、内発的動機づけを促すように、働きかけたり、コメントしたりすることが考えられます。教師が全体をコントロールする一斉授業ではないからこそ、一人一人にかかわる時間が増え、自立に向けて個に応じたかかわりをすることができるのです。

参考文献
◎関根雅泰著『教え上手になる！』クロスメディア・パブリッシング、2006年

つとはどういうことか」を、すべての子どもがしっかりイメージできるようにしておくことが必要です。そうまでしてはじめて、単元内自由進度学習を行える目標となり、子ども自身の自己調整や教師による形成的評価が効果的なものとなります。

2　目的や場面、状況を明らかにする

　一口に「発表する」といっても、口頭で発表する、写真を交える、黒板を使う、ICT機器を活用する、グループで発表するなど、さまざまな発表の仕方があります。

　こうした点をすべて自由にすることもできますが、目的や場面、状況を明らかにして、どのような伝わり方をするか考えさせたほうが「自分はどの方法で発表するか」と子どもは選択しやすくなります。そこでお勧めしたいのが、デジタル・ワークシート（プレゼンシートを簡略化したようなもの）です。

　テキストや画像だけでなく、動画をつくって埋め込んだり、リンクさせたりすることもできます。学習を進めるうえで活用したサイトのURLを加えておけば、発表を聞いた他の子どもが参考にすることもできるので、その後の学習において情報を収集しやすくなるでしょう。

★②について

　特に小学校外国語の授業では、「聞くこと」「話すこと」（音声面）の学習に重きを置かれてきたことから、教師の発話によって授業が進むスタイルだったという経緯があります。

　それに対して教科書がデジタル化されたことで、教科書に集録された音源に基づいて子どもが自ら「聞くこと」「話すこと」の学習を進めていける環境が整ったといえるでしょう。

　こうした環境を生かすためには、子ども自身が学習者用デジタル教科書を有効活用できる術を知っておく必要があります。そこで提案したい

のが、学年または単元の最初に、学習者用デジタル教科書を自由に使う時間を設けることです。

　子どもたちは、デジタル・ネイティブなどとも呼ばれる世代です。教師があれこれ指示しなくても、自由に使わせれば教師自身も知らなかった機能や使い方を発見する子どもが現れます。さらに、そうした機能や使い方が「おもしろそうだ」と周囲の子も認識すると、「それってどうやるの？」「自分もやってみたい」という声が各所であがり、瞬く間に広がっていきます。

　なかには、置いてきぼりになってしまう子どももいますから、そこはしっかり教師がフォローします。といっても、できる子どもが率先してどんどん広めてくれます。そのため、乗っかるのが苦手な子どもにフォーカスして寄り添えばよいので、個に応じた指導もしやすくなると言えるのではないでしょうか。

■★③について

　算数科や数学科、社会科などで単元内自由進度学習を行うのであれば、毎時間の目標と教科書の該当ページをセットで示しておくことにより、何となくとはいえ、子どもは自立的に学習を進められることでしょう。

　しかし、外国語の学習の場合には、そのとおりにはいきません。英語は母語ではないことから、発音を聞き取ったり言葉の意味を理解できたりしないと、内容や意図、背景やニュアンスをつかむことができないばかりか、「そもそも自分は何を達成すればよいか」もわからず、学習が行き詰まってしまうからです。

　そこで考えられることの一つは、「新しい事項は教師が示す」ことです。その際、まとめて一度に行うのではなく、短時間でポイントを押さえられるように示します。

　リスニング問題に取り組ませるのであれば、次のような方法が考えられます。

- 4問あるうちの1問目については教師が発話して取り組ませ、「どのように学習すればよいか」についての基本的なイメージをもてるようにする。
- 1問目が終わった後、「1問目でうまくいったことは何か」「つまずいたことは何か」「もっとよい取り組み方はあるか」などについて考えてみるよう促す。
- 2問目以降については、自分が気づいたことや考えたことを踏まえて取り組むよう伝える。その際、4問すべてに取り組んでもよいし、学習の仕方を変えながら特定の問題を繰り返し行うのでもよいこととする。

　ほかにも、授業の冒頭で前時に多かった質問や間違いを学級全体で共有してから学習を進めるといった方法もあるでしょう。いずれにしても大切なことは、「自分のペースで学習するとは何をどうすることなのか」「何ができればよいか」を子どもがイメージできる時間をしっかり確保することです。

★④について

　「学制」が公布されてから150年あまりの間、私たち教師は「いかにわかりやすく教えるか」というテーマのもとに研鑽を積みつづけてきました。こうしたDNAは後進に受け継がれ、いわば学校教育の伝統・文化を形成してきたと言えます。

　これだけ長い間、教師の仕事を支えてきた授業観ですが、本格的に見直す時期に来ていると考えられます。実際、この「教師としてなすべきこと」をパラダイムシフトしようとしているのが、現在の教育改革の方向性だとも考えられます。

　そこでいったん「授業観」から少し距離をとって、まず「学習観」に目先を変えてみることです。「何をもって時代の要請に応え得る望まし

い学習となり得るか」という視点を出発点として、「そのために必要な授業とはどのようなものか」とイメージを膨らませてみるということです。

　そうすれば、「これまで教師が懸命に努力してきたことが無駄になるわけではない」「むしろ発想次第でさまざまな場面で役立てられるはずだ」ということが見えてくるはずです。

　その一つとして挙げられるのが、「環境構成の工夫」です。

　奈須（2022）は、次のような趣旨の意見を述べています。

　重要になってくるのが、環境による教育という考え方である。小学校以降の教育では、教師が教えるという教育方法を中心的に用いてきた。これに対し、幼児教育では、環境を整えることが主要な教育方法とされてきた。今後は、小学校以降においても、環境を整え、子どもたちが自らの意思と力で環境と関わり、自立的に学びを進めていくことを、教育方法のレパートリーに加え、適切に運用していきたい。

（令和4年12月23日、第6回教科書・教材・ソフトウエアの在り方ワーキンググループ資料2、奈須委員提出資料）

　「これ、おもしろそう、やってみたい」「どうなっているんだろう」と好奇心がかきたてられる「もの」や「こと」が用意されている「環境」に身を置いた子どもは、教師をはじめとして大人が何も言わなくても触ったり観察したりしはじめます。

　奈須の言う「幼児教育で整えられた環境」とは、例を挙げると次のとおりです。

● 休日に捕まえたカブトムシを虫かごに入れて園に持ってきた子どもがいる。
● 周囲の子どもたちがカブトムシに興味をもつ。
● 翌日、虫かごの近くにさりげなく昆虫の絵本や図鑑、虫取り網などを

置いておく。

● 登園してきた子どもたちは、カブトムシの様子を見ながら、近くに置いてある図鑑に気づいてページをめくる。すると、カブトムシだけではなく、いろいろな虫に興味が湧く。

● 次第に居ても立っても居られなくなって、虫取り網を手に園庭に向かっていく。　　　　　　　　　　　　　　　　　　　（下線は筆者）

（出典：松村英治著『教育書の生かし方』東洋館出版社、2022 年）

　これをたとえば小学校における学習に置き換えれば、子どもたちの書写の作品を後ろの壁に貼っておく、慣れ親しんだ英語表現を教室や廊下に掲示しておくといった教室掲示と変わらないものだと言えます。これに、「やってみたい」という一工夫を入れるイメージです。

　英語の授業に関する案としては、創意工夫を凝らして発表した子ども（他クラスや卒業生を含む）の動画をいつでも視聴できるようにしておいたり、授業時間以外にも気軽に ALT の話を聞けるようにしておいたりすることなどが「環境構成の工夫」だと考えられるでしょう。つまり、子どもたちが日々、目にするところに学習意欲を喚起するような「もの」や「こと」を用意しておくということであり、これを、デジタルを使って活用すれば、さらなる効果を期待できるということです。

　「環境を整える教育方法」について、奈須はさらに次のような趣旨の指摘も行っています。

　各自が豊かに整えられた学習環境に、明確な意図や必然性をもってかかわり学ぶ時、子どもは立ち歩くし、自発的に仲間と交流するし、教室を出ていくこともあるし、もちろん全員が同じ動きなどしない。しかし、これを制限したり統制したりすれば、学びは生じなくなる。

（令和 4 年 12 月 23 日、第 6 回教科書・教材・ソフトウエアの在り方ワーキンググループ資料 2、奈須委員提出資料）

どんなにおもしろい遊びでも「遊び方」がわからなければ楽しくありません。それと同じで、おもしろい学習の「学び方」として、自己調整力を身につけられるように指導できれば、おのずと単元内自由進度学習の考え方を取り入れた自己調整学習の姿が明確になってくるのではないでしょうか。

単元内自己調整学習の
アイディア例

■デジタル振り返りカードを作成する

　ここでは、子どもが自分の学習に見通しをもち、振り返りを通して自己調整を行うことを目的としたデジタル振り返りカードを作成します。

　第1時では、自分の活動状況を動画で記録しておき、クラスメイトからいつでもコメントをもらえるようにします。各時間の活動のめあても記入できるようにしておくとともに、いつでも調べ直せるように参考となる URL も掲載しておきます。

【デジタル振り返りカードの例】

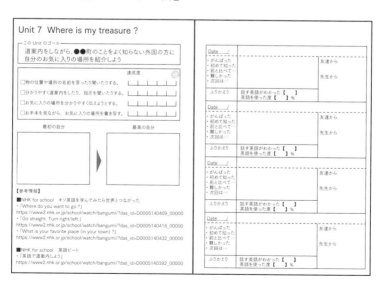

目標を具体的にして共有する

ゴールへと進める目安を確認しましょう。

　教師は学習指導要領や解説、教科書を基にしながら「単元の目標」を設定します。この目標は教師の「指導と評価の一体化」を図るものなので、そのまま子どもに伝えても、子どもは自分の学習をどう進めていったらよいかイメージすることはできません。

　そこで、「何がどのようになっていたら学習がゴールしたのか」をわかりやすく伝えるようにします。たとえば「発表する際には外国の方に伝わるようにする」ことを示し、教師が発表のモデルとなるデモンストレーションを行ったり、逆に悪いモデルを示して「伝わる発表ってどういうものかな？」と問いかけて子どもの考えを共有したりしながらゴールイメージをもてるようにします。

　そのうえで、単元計画を頭に置きながら、どのように学習を進めていけばよいかについて例示します。もし、子どもから想定外の考えや発想が生まれれば、単元計画のほうを柔軟に調整します。

　子どもたちが「学習の目標及びゴールイメージ」と「学習の進め方」を自覚できれば、具体の活動を子どもに委ねることができるようになります。

　これが、自己調整学習論の「予見の段階」にあたります。

学習者用デジタル教科書を自由に使える時間を設ける

> デジタル教科書で何ができるかを見つけましょう。

　学習者用デジタル教科書を有効活用するには、子どもが「使い方」を知っている必要がありますが、この点についてはあまり神経質にならなくてよいと思います。（前述したように）「デジタル教科書ではどんなことができるか、いろいろ試してみましょう」と促して、子どもの手に委ねてみるとよいと思います。そうすれば、子どもらしい発想で、（教師も思いつかなかった）斬新な「使い方」を発見することもあります。

　私たち教師はつい「教師である自分がしっかり『使い方』をマスターしておかなければ、子どもたちを指導できない」などと考えがちです。それ自体はすばらしいことなのですが、それと同じくらい「子どもがもともともっている力を信じる」ことも大切です。

　時間の区切りなく子どもに委ねたほうがよいというわけではありません。たとえば、単元の最初の授業で「これからどんな学習をするのか」を紹介したうえで、この単元に適したデジタル教科書の使い方を考えてもらう時間を設定するのもよいでしょう（10分程度）。仮に有用な意見が出なかったとしてもなんら問題ありません。子どもが自分の学習の仕方を自分で考える機会となるので、それだけでも十分です。

　これが、自己調整学習論の「遂行コントロールの段階」にあたります。

学習環境を工夫する

次の学習はどのように進めていきたいですか?

　学習に取り組もうとする子どもの意欲には、常に温度差があります。そもそも学習そのものが好きになれない子どももいるでしょうし、国語は意欲的だけど、体育では意欲的になれないといったこともあります。教科間のギャップだけでなく、単元間でもそうした温度差は生まれます（5年生までは社会科が好きではなかった子が、6年生になって歴史学習がはじまった途端に意欲的になるといったこともあるわけですから）。

　こうした温度差があることを前提として、目の前の学習に対する興味・関心をいかに引き出すかが教師の腕の見せどころなのですが、あまりむずかしく考える必要はありません。たとえば、次のような取組などでも学習のいいスタートを切ることができるはずです。

● 前の単元で楽しそうに学習していた子どもの様子を動画に撮っておき、本単元の最初の授業で、何人かの子どもの発表の様子などをみんなで視聴する。
● 前の単元で学んだこととこれから学ぶことにどのような共通点があるか（あるいは相違点があるか）などについて意見を出し合う。
● 前の単元を踏まえ、本単元でどのように学習を進めていきたいかを伝え合う。

　ほかにも、学習者用デジタル教科書の画面をキャプチャしておき、それを基にして自分の発表した原稿の内容を書き換える（改善する）様子を紹介する方法もあれば、昨年度に子どもが作成したポスターや、教師がインターネットで集めた情報を教室掲示しておき、それをみんなでポ

ジティブに批評し合うといったことも効果的です（写真）。

　上述したことはすべて「環境構成の工夫」に類することで、子どもの興味・関心を高め、新しい学習に対する精神的ハードルを下げたり、学習意欲の温度差を埋めたりする取組となります。このように「どのような学習環境をしつらえるか」は、（これまでも重視されてきたことの一つですが）今後よりいっそう重要性を増していくでしょう。

目標を意識した振り返りにする

> 自分の力を伸ばせたかな？

　単元内自己調整学習を考えるうえで欠かせないのが振り返り（自己評価）です。ただし、闇雲に「今日の学習を振り返ってください」と促しても、「楽しかった」「おもしろかった」「わかった」「よくわからなかった」など、感想に終始した振り返りとなってしまうことが少なくないでしょう。

　なぜ、そうなるのか。重要な要素が抜けているからです。（くり返しになりますが）それが「学習の目標」です。自分が学習したことが目標の実現に近づいているのか、そうなっていないのかを意識しながら振り返るから、次の学習に生かせる自己評価となるのです。

　そこで、「目標を達成できたね。そのポイントは何だったかな？」「目

標には至らなかったけど、次に向けて改善するところは？」などと問いかけながら、「学習の目標」を意識づけるようにします。

これが、自己調整学習の「自己省察の段階」にあたります。

＊

子どもが自立した学習者となれるように働きかけていくのが、これからの教師に求められるミッションですが、そうかといって学習にかかわるすべてを子どもに委ねるということではありません。「教えるべきことは、しっかり教える」「子どもに委ねるべきことは、子どものもてる力を信じて委ねる」といったバランスがとても大切です。

そうした経験を積むことで、子どもたちは自分にとって最適な学び方を見つけていけるのだと思います。ひとたびそうなれば、講義型の授業であっても、自ら課題を見つけ、自ら課題を解決する学習にしていけるでしょう。

そのためにも、単元内自由進度学習のような子どもが見通しをもち、自己調整を行う授業（自己調整学習）を取り入れることは有用です。すべての単元である必要はありません。1年のうちの1単元でもよいのです。

「義務教育の在り方ワーキンググループ中間まとめ」（2023）においても次のように示されています。

子供たちがこれからの時代に求められる資質・能力を身に付け、生涯にわたって能動的に学び続けることができるように育んでいくためには、ICTを有効に活用し、教師が個々の子供の学びの状況を把握しつつ、学びの主導権を子供たちに委ねることにより、子供たちが、自らの学びを「自分事」として捉え、自発的に他者と関わりながら自分で学びを深めていくような学習活動を、学年や学期等の一定の学校教育活動のまとまりの中に適切に組み入れていくことが重要である。

また、奈須（2021）も、年間の2割程度を学習者に委ねることが現実的だといった趣旨のことを述べています。ぜひ、学習者用デジタル教科書という道具を活用して、子どもたちが「学び方」を学べる最良の機会となるような授業づくりにチャレンジしてほしいと思います。

学習者用デジタル教科書活用　単元内自己調整学習の単元計画　小学校第 5 学年

Unit 4　She can sing well.

Unit の目標

クラスの友達同士がお互いのことをよりよく知り合うために、友達の知られていない新たな面を引き出す質問をした回答をもとに、できることなどについて他の友達に伝わるように、情報を整理して発表する。

評価規準	知識・技能	思考・判断・表現	主体的に学習に取り組む態度
話すこと[発表]	〈知識〉 I/He/She can 〜．Can you 〜 ? など、自分や相手、第三者ができることやできないことを表す表現やその尋ね方、答え方について理解している。 〈技能〉 I/He/She can 〜．Can you 〜 ? など、自分や相手、第三者ができることやできないことを表す表現などを用いて、自分の考え方や気持ちなどを含めて話す技能を身に付けている。	相手に自分や第三者のことをよく知ってもらうために、自分や第三者ができることやできないことについて、自分の考えや気持ちなどを含めて話している。	相手に自分や第三者のことをよく知ってもらうために、自分や第三者ができることやできないことについて、自分の考えや気持ちなどを含めて話そうとしている。

学習者用デジタル教科書活用のポイント及び本単元における活用場面

　デジタル教科書・教材等の活用が、いわゆる「デジタル一斉授業」に留まることなく、個別最適な学びと協働的な学びの一体的な充実を通して、児童生徒が主体的に学びを選択し、自立した学習者になっていくようにする。(「個別最適な学びと協働的な学びの一体的な充実に向けた教科書・教材・ソフトウェアの在り方について　〜中間報告（論点整理）〜」より抜粋)

【個性化】・自分ができるかどうかを表現するために、自分が話したい表現の音声を自分で選択して聞く（第 1 時）。

【個別化】・替え歌作成などの目的に応じて、学習者用デジタル教科書の Chant 等を繰り返し自分のペースに合わせて使用する（2・3 時）。

【個性化】・友達の知られていない面を引き出す質問を考える際、既習表現を思い出すために学習者用デジタル教科書の音声を聞き直す（4 時）。

【個別化】・友達のことを紹介する文章の作成にあたって参考にした学習者用デジタル教科書の一部分を両面キャプチャしてまとめ、それを参考に書き写して提出する（5 時）。

【協働的】・学習者用デジタル教科書の Word List を使用して、他アプリへの英語での書き込みを行う（7 時）。

		内容	評価		
時	ページ	主な学習活動	知・技	思・判・表	態度
1	42-44	○あいさつ ○ Small Talk 　・P.42/43 の絵について、既習学習を使用してやり取りする。 ○ Listen and Guess 　・音声を聞き、その意味を教科書の絵から推測するとともに、絵の中の誰のことを言っているかを予想し、指で押さえる。 ○単元の Goal を共有 　・絵の中でやり取りしたことをもとに、教師ができるかどうかを予想する(例：ダンス、バイオリン)。予想した後に、できること／できないことについて、教師の自己紹介を聞く。その後、校内の他の先生について、She ／			

		He を用いた紹介を聞き、単元の Goal「友達の知らない面を紹介し合おう」を教師とともに設定する。 ・この後、「紹介し合ったら、どうなる？」かを考え、「クラスの仲がよりよくなる」「クラス目標に近づく」といったことを自分たちの言葉で単元の Goal に補足する。 ○ Listen and Play（P.44） ・Nana の自己紹介を聞く前に、何と言うかを予想する。その後に聞き、"I can swim."という表現（特に can をしっかり）を全体で練習する。 ・自分は泳げない場合は何というかを予想する。その後に、Sora に注目し、どのように言っているかを聞く。その後に、「できない」場合の表現を全体で練習する。 ・Mika と Hiroki がどう言うかを予想して聞き、その後に練習する。 【学習者用デジタル教科書活用：個性化】 Swim ／ cook ／ ski ／ skate を使って、自分ができるかどうかを表現するために、絵を参考にして、自分が言いたいことがあれば、その音声を必要に応じて選択して聞き、表現することに活用する。 ○デジタル振り返りカード作成 ・動画を撮影して貼り付け、コメントをし合うためのカードを作成する。			
2	45	○あいさつ ○ Who am I ? ・前時に録画した動画について、教師が選択したある友達の音声のみを聞き、誰のことかを考える。意外性があったかどうかを振り返り、あった場合は「このような紹介をしよう」、なかった場合は「意外性を引き出して紹介しよう」というように、単元の Goal についてイメージを深める。また、そのためにはどんな英語表現が必要かを考える。 ○ Small Talk ・教師のできること／できないことについての自己紹介を聞き、How about you ?の問いかけに対して、やり取りしながら答える。 ○ Listen and Do ・○×をつけた後、教師がそれをできるかどうか、How about you ?の問いかけに対して、やり取りしながら答える。 ○ Chant ・Chant を聞いて、内容を確認する。 【学習者用デジタル教科書活用：個別化】 ・自分にあてはめた教師の替え歌を聞き、それを参考に自分に当てはめた替え歌を考え、Chant を自分のペースで何度も聞いて抑揚を意識しながら表現できるようにする。 ○動画撮影 ・次時までに、Chant の替え歌を言っている自分の姿を動画で撮影し、デジタル振り返りカードに貼りつける。			
3	46	○あいさつ ○ Chant の復習 ・撮影した動画の内容を用いて、How about you ?を使って実際に友達に尋ねる。 ○ Listen and Do ・No.4 を聞き、何と問うたか、どのような回答だったかを確認する。 ・他の動物のインタビューを聞き、内容を確認する。 ○ Chant ・内容を確認する。 【学習者用デジタル教科書活用：個別化】 ・自分たちの名前を使ってグループで替え歌を作る。 ・次時までに動画を撮影して振り返りカードに貼りつける。			

時	ページ			
4	47	○あいさつ ○ Chant（P.46）の復習 ・動物名をクラスの友達の名前に変えて、全員でその児童に尋ねる。尋ねられた児童は自分に当てはめて答える。 ○ Listen and Do ・次時のインタビューのイメージをもつ。 ・その後に No.1 を聞き、教師の説明で回答を知る。その際、"Kanami, she can dance." のように代名詞を使う表現に出合う。 ○ Activity ・次時のインタビューのイメージをもつ。 ・将棋、一輪車、スケートについて教師に尋ねた後、ペアの友達に尋ねる。 ・誰へインタビューするかをくじ引きで決める。 【学習者用デジタル教科書活用：個性化】 ・友達の意外性を引き出すために、どのようなことを聞いたらよいかを考える。その質問については、学習者用デジタル教科書を使って、表現を思い出したり、自分のペースで音声を聞いたりしながら表現できるようにする。 ○動画撮影 ・次の時間のリハーサルとして、自分が用意した質問を動画で撮影する。		
5	49	○あいさつ ○自分の動画を視聴 ・尋ね方を確認するとともに、学習者用デジタル教科書を活用して、自分の英語表現をブラッシュアップする。 ○インタビュー ○発表内容の決定 ・インタビューの結果をもとに、何を伝えれば意外性があり、クラスが仲よくなるかという目的を確認してから考える。 【学習者用デジタル教科書活用：個別化】 ・音声で十分に慣れ親しんできた表現の中から、発表にかかわる学習者用デジタル教科書の英語表現の画面をスクショで撮り、発表の仮原稿として並べる。 ・仮原稿と学習者用デジタル教科書の画面をマルチタスクで表示して、練習する。 ・練習の間に、教師または指導助手の前で1回は発表する。【話すこと[発表]評価】（発表の分析） ○ Chant（P.49） ・何を言っているかを確認した後、3回目くらいからは自分が言いたい表現に替えて、自分のペースで何度も聞いて練習する。 ○仮原稿作成 ・仮原稿の英語表現に音声で十分に慣れ親しんだ後に、仮原稿をもとにして、学習者用デジタル教科書の四線上に書き写す。 ○動画撮影 ・友達紹介の動画を撮影して、デジタル振り返りカードに貼りつける。	話すこと[発表]	
6	49	○あいさつ ○自分が練習したことを発表 ○中間評価 ・「友達の知らない面を紹介し合って、クラスの仲がよりよくなる」という Goal を再確認し、目的に応じた発表になっているかを見直す。 ・話す順番を入れ替えて伝わりやすさがどうなるかを考えたり、友達ができることと合わせて自分ができることも発表したりすればどうなるかを考える。	話すこと[発表]	話すこと[発表]

		○動画撮影 ・次時までに友達紹介の動画を振り返りカードに貼り付ける。その際、第5時から工夫したことを書くようにする。【話すこと[発表]評価、動画】（動画の分析）			
7	48、51	○あいさつ ○動画視聴 ・各自のペースで友達の動画を視聴する。 【学習者用デジタル教科書活用：協働的】 ・コメントを記入する。必要に応じて、巻末の Word List をマルチタスクで映し、英語を書き写すことができるようにする。 ○ Let's Read and Write 4（P.51） ○単元全体の振り返り ・最初の自分の自己紹介と比較して、できるようになったことを自己評価し、記入する。 【話すこと［発表］評価、動画】（動画の分析、デジタル振り返りカードの分析）	話すこと［発表］	話すこと［発表］	話すこと［発表］

参考文献

- 自己調整学習研究会監修『自ら学び考える子どもを育てる教育の方法と技術』北大路書房、2016 年
- 奈須正裕著『個別最適な学びと協働的な学び』東洋館出版社、2021 年
- 木村明憲著『自己調整学習―主体的な学習者を育む方法と実践』明治図書出版、2023年
- 中央教育審議会初等中等教育分科会個別最適な学びと協働的な学びの一体的な充実に向けた学校教育の在り方に関する特別部会義務教育の在り方ワーキンググループ「義務教育の在り方ワーキンググループ中間まとめ」令和5年12月28日

単元内自己調整学習として考える パフォーマンス評価

■ パフォーマンス評価とは何か

パフォーマンス評価について中教審は、次のようにまとめています。

　知識やスキルを使いこなす（活用・応用・統合する）ことを求めるような評価方法。論説文やレポート、展示物といった完成作品(プロダクト)や、スピーチやプレゼンテーション、協同での問題解決、実験の実施といった実演（狭義のパフォーマンス）を評価する。

（中学校における英語調査に関する「中間まとめ」（案）基礎資料より）

　パフォーマンス課題について西岡（2016）は、「様々な知識やスキルを統合して使いこなすことを求めるような複雑な課題」としています。

　パフォーマンス評価が唱えられるようになった背景には「学力観の転換」があり、「何ができるようになったか」を重視する現行の学習指導要領の趣旨に通ずるものだと考えられます。

　こうした事柄もまた「自立した学習者を育てる」ことを前提とするものであり、単元内自己調整学習と同義であるととらえるならば、「学習材としての学習者用デジタル教科書」をどのように有効活用するかが問われるように思います。

　加えて、前述の西岡は、パフォーマンス評価を行うに当たっては、「ルーブリック」を作成することを基本としています。「ルーブリック」については前述の基礎資料において「成功の度合いを示す数レベル程度の尺度と、それぞれのレベルに対応するパフォーマンスの特徴を示した記述

語（評価規準）からなる評価基準表」とまとめられています。

ただし、「パフォーマンス評価」や「ルーブリック」については、「多様な評価方法の研究や取組」として紹介されているものであって、文科省が、たとえば「指導と評価の一体化」を図る施策の一つとして打ち出しているわけではない点に留意が必要です。

▌パフォーマンス評価を行う意義

「評価」という言葉は多義的で、受け止め方次第でどのようにも変わり得るものです。たとえば「成績をつけるために必要なことだ」などと狭義にとらえれば、「定期考査の得点順に並べ、5段階で分ければそれでよし」といった考え方もできるでしょう。

しかし、学校教育においては、平成13年に公示された文科省通知により「評定」についても目標に準拠した評価を行うこととされて以降、よりいっそう「指導と評価の一体化を目指す」ことが重視されています。

全国学力・学習状況調査が行われるようになって、「思考」を測る問題も設けられていますが、ペーパーテストで測ることができるのは、主に「知識」が中心です。こうした課題に対応し、「何ができるようになったか」について妥当性・信頼性のある評価にしようとするのがパフォーマンス評価だと考えるとわかりやすいでしょう。

本書においては、子どもたちの資質・能力の水準を測る指標の一つとしては「テスト」という言葉を用い、子どもたちの資質・能力を高めることを目指すものとしては「評価」（または形成的評価）という言葉を用いたいと思います。その意味で、ここで紹介するものは「テスト」ではありますが、事後に自己調整を促すことから、「評価」として記載します。

また、パフォーマンス評価をいつ行うかについては、単元や題材のまとまりごとに行うことも考えられますが、ここでは「指導と評価の一体化のための参考資料」（国立教育政策研究所、2020年）にも示されている、学期に1回程度のパフォーマンス評価を取り上げます。

▌パフォーマンス評価の頻度と期待される効果

　パフォーマンス評価（学期ごとに1回程度）を行う意義は、大きく分けて次の2つにあると考えます。

1 「知識・技能」にかかわって、生きて働く資質・能力が身についているかを評価する

　たとえば、どの学校においても「単元を通じて育成を目指す資質・能力が身についているか」を測るためにペーパーテストを行っていることでしょう。それに対して、学期末に行うパフォーマンス評価は、各単元で身につけた知識が「使えるようになっているか」（概念的理解に至っているか）を測ることが目的です。

　殊に「できる」「できない」がはっきりする算数科などでは、「かけ算の学習をした後なのだから、テストでは数字を掛ければよい」「割算のテストであれば、大きいほうの数字を小さいほうで割ればよい」と考えて、「機械的に計算し、できたら終わり」と認識している子どもは多いと思います。

　それ自体は何ら問題ではありません。単元ごとに必要な個別の知識・技能が身につけられていればよいわけですから。しかし、（繰り返しになりますが）現在の学校教育に求められていることは、「身につけたことを場面に応じて使いこなす（汎用的知識や応用力を含む）概念的理解」です。しかし単元末のテストでは、こうした理解を測ることは不向きです。

　そこで、かけ算か割算か、はたまた足し算やひき算のどれを活用するかわからない設問の混じった「まとめテスト」を行うのが学期末のパフォーマンス評価だと言えるでしょう。外国語科においても、算数の例と同様です。目的や場面、状況に合わせ、自分が伝えたい内容について、既習表現を用いながら発表したりやり取りしたりするパフォーマンス評価を学期末に行う意義が、ここにあるのです。

2　学習の進め方にかかわって、子ども自らが学習を調整する力を身につける機会とする

　中教審答申（2021）で示されているとおり、「学校の授業以外の場における学習の習慣や進め方についても視野に入れる」ことを考えたとき、既習の学習内容を活用するパフォーマンス評価は、自分の学んだことを自己評価し、次の学習を充実するうえで非常によい機会ともなります。

　特に、外国語科の場合には、子どもと「CAN-DO リスト」を共有する点に教科としての特徴があります。この点を強みとしてよりいっそう生かすことができれば、予見―遂行コントロール―自己省察という自己調整学習のサイクルとなり、子ども自らが学習方法を考え、学習を調整し、自立的に学べるようになることが期待できます。

　また、パフォーマンス評価を行うまでに、家庭学習も含め、練習の機会をつくり、ポイントを押さえたり、教師や友達からのフィードバックを受けたりする機会を設けたりします。そのようにしながら、子どものなかで既習がつながるように働きかけ、評価当日に十分なパフォーマンスを発揮できるようにするわけです。

　こうした取組は、評定をつけるといった評価のための評価ではなく、知識・技能や思考・判断・表現の評価を確かなものにするとともに、子どもたちの自己肯定感を育むことにも貢献する「指導のための評価」となります。

好きなものや季節等について、ポスターを使って紹介しよう

小学校第6学年 1学期

PERFORMANCE TASK

オーストラリアの姉妹校の小学生に自分のことを伝えるために、好きなものや季節、欲しいもの等についてポスターを使って紹介し、小学生役の先生からの質問に答える。

POINT パフォーマンス評価のポイント

★①：実現可能な評価とする。

★②：自ら学習を調整する力を育成する。

評価規準

	「知識・技能」	「思考・判断・表現」
話すこと［発表］	I like ～の表現を正しく使い、自分のことについて話す技能を身につけている。	相手に自分のことを伝えるために、好きな物や季節、欲しいもの等について、ポスターを使って紹介している。
話すこと［やり取り］	Do you like ～? や、Yes, I do. 等を用いて、考えや気持ちなどを伝え合う技能を身につけている。	自分のことをよく知ってもらったり相手のことをよく知ったりするために、好きな物や季節、欲しいもの等について、考えや気持ちを伝え合っている。

★①について

子どもにとっても教師にとっても、パフォーマンス評価が過剰な負担にならないようにするには、「各単元で学習（活動）してきたこと」をう

資料1　パフォーマンス課題の設定

4月単元	5月単元	6月単元	7月単元
自分の1日を紹介する。	おすすめのツアープランを紹介する。	日本のことを紹介する。	短冊に夏休みにしたいことを書いて、発表する。

パフォーマンス評価の課題
保護者に、自分のことをより知ってもらうために、夏休みの1日の生活やしたいことについて、短冊等を使いながら、発表する。

まく織り交ぜることがポイントです（子どもがやったことのない「新しいこと」は入れません）。

　本課題で言えば、「自分が好きなもの」「好きな季節」については4月最初に行う自己紹介の単元、「したいこと」については短冊づくりを行う7月の単元での学習（活動）などを織り交ぜて設定します（**資料1**）。

　これが、自己調整学習論の「予見の段階」にあたりますので、一方的に課題を示すのではなく、「これまで学んだことを生かそう！」といった意思的な関与に働きかけ、「自分にできそうだ」という自己効力感をもたせるようにします。そのためには、「伝える」とはどういうことかをしっかりイメージできるようにしておくことが大切です。

★②について

　いくら学習の自己調整が大事だといっても、「調整しなさい」と指示すればできるものではありません。そうするには「学習の何を調整するのか」「どうやって調整するのか」「どのような調整であれば、よしとさ

れるのか」「そもそも何のために調整するのか」を子どもがつかんでいたり、イメージしたりできるようになっていることが必要だからです。こうした事柄については、モデルを示したり、実際に行ったりする場を設けながら、自己調整のイメージを培うようにします。

　また、教師にとっては子どもたちがどのように学習を調整しているのかを把握できなければ、適切にサポートすることができませんので、ワークシートを使用することが考えられます。これまでは、紙しか選択肢がありませんでしたが、デジタルワークシートにすることも考えられます。デジタル・ワークシートであれば、授業中にシームレスに把握できるようになります。

　その際、ワークシートには「学習の目標」を記入したり「振り返り」を行ったりすることができる欄を設けておき、目標を意識した自己評価を通して、学習の見通しをもてるようにしながら、自己調整を図っていくことができるようにします。

　では、実際にどのように進めていけばよいか、実施の流れを見ていきましょう。

1　課題の提示（6月中旬ごろ）

パフォーマンス評価の課題は○○です。

　1学期末にパフォーマンス評価を行うのであれば、4月中旬くらいに「学期の最後に何ができるようになっていればよいか」を明記したワークシート（「CAN-DO リスト」を応用）を共有しておき、1学期間に「何をどう学んでいくか」学習の見通しをもてるようにします（学期末のパフォーマンステスト課題を含む）。

　実際に取り組むのは、6月中旬あたりが現実的でしょう。4月から取り組んできた各単元の「振り返りカード」を見返しながら、学期末に「こ

資料2　ワークシートの例

第6学年1学期パフォーマンス評価　発表計画シート

| 資料3 | | CLASS ＿＿＿　NO ＿＿＿　NAME |

課題	オーストラリアの姉妹校の小学生に自分のことを伝えるために、好きなものや季節、欲しいもの等についてポスターを作って紹介し、小学生役の先生からの質問に答える。			
	発表		やり取り	
	知識・技能	思考・判断・表現	知識・技能	思考・判断・表現
評価規準 A レベル	I like ～の表現を正しく使い、5文以上を使って自己紹介ができる。	聞き手に話が伝わっているかを確認しながら、たずねたり、強調したりしながら自己紹介ができる。	質問に対して、文章で答えることができる。	質問に対して、文章で自分の思いや考えを伝えることができる。
B レベル	I like ～の表現を正しく使い、自己紹介ができる。	聞き手に話が伝わっているかを確認しながら自己紹介ができる。	質問に対して、単語で答えることができる。	質問に対して、単語で自分の思いや考えを伝えることができる。
自分の目標	★今までのふりかえりカードを読み直してから記入しよう。 ・○○するために、△△をする。 ・□□をするために、◇◇をする。			
感想	★発表したふりかえりと、次への目標を書きましょう。 ・△△の工夫ができたので、うまく伝わった。 ・質問にうまく答えられなかったので、■■と言えるようになりたい。			

の課題にチャレンジしましょう」と提示します。2学期や3学期であれば、各単元の学びをより主体的にすることを目指し、学期末の2か月前くらい前から取り組むという方法もあります。

2　目標の記入（6月中旬ごろ）

パフォーマンス評価での自分の目標は何ですか。

　各単元で記入してきた振り返りカードを見直しながら、「目的や場面に応じるためにはどのような工夫が考えられるか」をワークシートに記入します。その際、個人で進める方法と、友達と具体的に案を出し合い

ながら進める方法があります。どちらがよいかについては、子どもの状況に応じて判断すればよいと思いますが、「協働的な学び」を取り入れながら個々の学びを最適化していけるのが理想です。

3 試しの動画撮影（6月下旬）

自分のパフォーマンスを撮影しましょう。

パフォーマンス課題を念頭にしながら、試しの動画撮影を行います。撮影は授業時間に行うことを想定していますが、家庭で行うことにするのでも差し支えありません。

撮影した動画は学級内で共有し、子どもたちが好きなときに視聴して、お互いにアドバイスできるようにしておきます。

4 クラスメイトの動画にコメントを寄せ合う（6月下旬〜7月上旬）

友達の動画のよさと改善案をコメントしましょう。

これまで子どもが表現したことや制作物に対しては、教師がコメントを入れて返していました。それに対して、デジタルデータであることの強みを生かし、クラスメイト同士でコメントを寄せ合うといった取組も有効だと思います（教師によるコメントよりも、クラスメイトのコメントのほうが、より直感的な気づきになることが少なくありません）。自己省察は、個人で行うよりも、協働的に行うことのほうが望ましいという研究もあります。

子どもが自立した学習者となって自ら学習を進めていけるようにするには、教師による関与をできる限り抑えるのが望ましいと考えられます。とはいえ、教師は何もしないほうがよいということではありません。

一人一人の子どもが課題をしっかり理解できるようにすることや、そのために必要なポイントを伝えることが求められます。加えて、子ども同士で学び合える（デジタル・ワークシートの作成や運用方法の提示といった）枠組みづくりや、つまずいている子どものサポートに尽力することも大切です。

　また、子どものコメントをはじめとして、子どもの活動を適切に価値づけられれば、協働的な学びに資するだけでなく、自己肯定感や自己有用感を高めることにもつながります。

5　学習者用デジタル教科書を活用して表現の仕方などに生かす

> デジタル教科書は、表現を工夫するために使えるよ。

　パフォーマンス評価の課題は、各単元で学んできたことを活かせるものにします。そのためにも、学習者用デジタル教科書の各種機能をフル活用できるような活動を取り入れることが望まれます。

　たとえば、発表の準備をするに当たっては、読み上げ機能を使って関連する表現を何度も聞き直すといった活動を取り入れる、巻末のワードリストを活用する、リスニング問題として集録されている自己紹介の範例を参考にしながら自分の自己紹介をより豊かな表現にしていくといった活動です。

　こうした活動を通してデジタル機器の活用法を身につけられるようにするとともに、子ども自身が「課題についての自分の考えや思いをよりよく表現するためには、デジタル機器を活用することが有用だ」と思えるようになることも期待できるでしょう。

　ほかにも、クラスメイトの活用例を紹介する、その子に活用するよさを伝えてもらうといったことも有効です。このような教師による間接的な指導は、子どもの主体的な学習を促し、自己調整学習の「遂行コント

ロール」を促進させることにつながります。

6　パフォーマンス評価（7月上旬）

 自分のパフォーマンスを振り返りましょう。

　パフォーマンス評価は、すべての子どもが「同じ条件」で実施できる「時間」と「場」を設定することが原則です。英語で自己紹介するといった表現活動であれば、一人一人別室で行うといったことが挙げられます。

　周囲の子どもがいるなかで発表するのは勇気がいるものです。なかには、プレッシャーをモチベーションに変えて発表できる子どももいますが、萎縮してしまい、思うようなパフォーマンスを発揮できなくなる子どももいます。こうした差異が生まれないようにします。

　なお、発表が終わった子どもや発表する順番を待っている子どもたちには、たとえば教室で他教科のペーパーテストに取り組んでもらうといったことが考えられます（その間、必要があれば管理職等に協力を依頼し、教室に入ってもらうとよいでしょう）。

　さて、パフォーマンス評価をはじめるときには、発表する子どもにまず自分が立てた目標を宣言するように指示します。これは、「自分は何を目指して発表するのか」を再度自覚できるようにすることが目的です（個に応じた評価を行ううえでも有効です）。

　子どもが発表している間は、評価基準を念頭に入れながら気づいたことをメモします。発表が終わったら、子どもの立てた目標に照らしてよかった点などを口頭でフィードバックします。

　加えて、子どもに対して、教室に戻ったら観点ごとに自己評価し（デジタル・ワークシートの評価欄に○をつける）、振り返りを書くように指示します。

7 パフォーマンス評価の結果をフィードバックする

○○の工夫がうまくできていたね。

　子どものパフォーマンス中にメモしておいたことは、その子のワークシートに転記してフィードバックします。子どもが行った自己評価や振り返りの内容とズレがあった場合には、「どういった理由が考えられるか」「次の学習にどう生かしていきたいか」などについて考えるように促し、「自分の学習は自分でよりよくしていくんだ」といった意識を醸成します。自己調整学習における「自己省察」を促進させるように働きかけます。

＊

　学校の方針や子どもの学習状況によっては取り入れるのがむずかしい部分もあるかと思います。しかし、本書で紹介した方法をそのまま取り入れる必要はありません。できることをできる範囲で行うことが肝要です。

　重要なのは「子ども一人一人が自立した学習者になるために、教師として何をすべきか」と考えながら試行錯誤することです。そうするなかで自分に合った方法など光明が見いだせるようになると思います。言うなれば、「教師による授業づくりの自己調整だ」と考えればよいのではないでしょうか。

参考文献
● 「中学校における英語調査に関する『中間まとめ』（案）基礎資料2」
https://www.mext.go.jp/b_menu/shingi/chousa/shotou/112/shiryo/__icsFiles/afieldfile/2016/06/06/1371753_10.pdf

第3章

子どもたちのウェルビーイングを支える土台づくり

子ども一人一人が自立的学習者となって自ら学習を進めていけるようになれば、学ぶことのおもしろさや楽しさを実感できるようになります。こうしたウェルビーイングな学びにしていくための土台となるのが、カリキュラム・マネジメントであり学級経営です。

学級にはそれぞれに個性をもっている多様な子どもたちがいます。しかも、多様性は学級によっても異なります。そのため、ウェルビーイングを支える土台をつくるには、多角的な視点で教育活動全体を俯瞰し、目の前の子どもたちに必要となる学習のバリエーションを考える必要があります。迂遠な言い方ですが、そのために有用なのが「学習者用デジタル教科書」なのです。

ただそうはいっても、子ども自らが「学習者用デジタル教科書」を有効に扱えるようにするのは簡単なことではありません。加えて、自分の学級ではうまくいったとしても（あるいは、うまくいきそうだと見通しがついたとしても）、周囲の理解が得られなければ継続できないこともあります。この点に着目すれば、校内研修をどう行えばよいかという課題も浮かび上がってきます。

子どもたちのウェルビーイングに向けた学校教育の充実

　ここまで、「教育振興基本計画」（2023年6月閣議決定）の④（教育デジタルトランスフォーメーション（DX）の促進）にかかわって、学習者用デジタル教科書の活用例を示してきました。

　学習者用デジタル教科書のもつ機能や可能性を正しく理解できれば、子どもたちの学び方はこれまでと大きく変わっていくでしょう。なにしろ、学習者用デジタル教科書は、子どもが自ら情報を得て取捨選択し、自分の考えを構築していける学習環境そのものだからです。

　このように、学習者用デジタル教科書は主体的な学びに寄与する手段となり得る点については疑いないのですが、肝心の子どもが自立的な学習者となっていなければ、学習者用デジタル教科書ならではの特性を生かすことはできません。この点は、教育振興基本計画①の「学び続ける人材の育成」につながってくるでしょう。

　これは、外国語科の授業に限らず、どの教科等においても同様です。そこで、子どもが自立的な学習者となれるように働きかけることが、これからの教師に求められる最重要のミッションだと考えます。そのため、自己調整学習論をベースに、活動例を紹介してきました。

　子どもたちのウェルビーイングに向けた学校教育充実のために残っているキーワードとしては、「グローバル化」「誰一人取り残されない」「すべての人の可能性を引き出す共生社会」といったものになります。そのために欠かせないのが、子どもの「自尊感情」「自己制御」「共感性」の育成です（「社会情動スキル」や「非認知能力」などと言い換えてもかまいません）。

　自立的な学習者とは、自ら課題を見つけチャレンジングに取り組む態度や、課題が困難に思えても仲間と協働しながら粘り強く解決を図って

いこうとする態度を身につけている者だと考えます。つまり、個別に学び
を最適化するだけでは足りず、学び合える存在が必要だということです。

　こうしたことから、「自分とクラスメイトとは考えが違って当たり前」、
むしろ「価値観が違うからおもしろい発想が生まれる」という意識を醸
成することが必要です。そうであってこそ、自分の思いや考えを語る場
面一つとっても、安心して自己開示できる（心理的安全性）ようになりま
す。

　クラスメイト同士がお互いを認め合える集団となっていれば、より
いっそう自立した学習者になれる確度が上がることでしょう。

　この点の重要性については教科等を問わないと思いますが、外国語活
動や外国語科であれば授業を通じて意識づけやすいと考えます。外国文
化という日本とは明らかに異なる考え方や背景に触れられる機会となる
からです。このことは、共生社会の実現にもつながることでしょう。

　そして、これらのことは、教師集団も同様です。教師の学びの姿も子
どもたちの学びの相似形であると考え、率先してチャレンジングに取り
組み、仲間と協働しながら課題を解決していく態度を身につけることが
大切です。

　以上をまとめると、次のとおりです。

○自尊感情や自己制御、共感性を育成してすべての人の可能性を引
　き出す。
　　→社会情動スキルや非認知能力を育成する視点

○協働的に学び、誰一人取り残されない風土を醸成する。
　　→自己開示できる心理的安全性が確保された集団づくりの視点

○多様な価値観に触れる題材を扱い、共生社会のイメージを共有する。
　　→グローバル化に向けて国際教育を意図的に扱う視点

○教師がチャレンジングに取り組み、仲間と課題解決していく。
　　→授業研究を通した授業観転換の視点

自尊感情や自己制御、共感性を意図的に育成する

▌非認知能力はなぜ重要視されているのか

　近年、自尊感情や自己制御、共感性といった、いわゆる社会情動スキルや非認知能力が注目を集めています。ただ、それらが学校教育との関連においてどのような能力だと言えるのか、よくわからないといった方も少なくないのではないでしょうか。

　国立教育政策研究所は、HP において「非認知的能力とは、IQ に代表されるような認知的な能力ではないものを幅広く指す総称であり、そうした名前の具体的な個別の能力はありません」と指摘しています。

　他方、中山（2023）は、「授業で認知能力、授業以外で非認知能力という分け方は明らかに時代錯誤」と指摘し、授業の中で認知能力と非認知能力を一体的に育成することを提案しています。

　一般的には「非認知能力の高さが学歴や雇用、収入に影響する」といった指摘もありますから、何らかの形で学校教育にかかわってくるものであると考えることができます。では、どのような文脈においてでしょうか。

　結論から先に言えば、「育成を目指す資質・能力」のうち「主体的に学習に取り組む態度」との関連性が高いと考えられます。中教審においても「評価」にかかわって、次のように指摘しています。

　子供たちが自ら学習の目標を持ち、進め方を見直しながら学習を進め、その過程を評価して新たな学習につなげるといった、学習に関する自己調整を行いながら、粘り強く知識・技能を獲得したり思考・判断・表現

しようとしたりしているかどうかという、意思的な側面を捉えて評価することが求められる。

（中教審答申「幼稚園、小学校、中学校、高等学校及び特別支援学校の学習指導要領等の改善及び必要な方策等について」平成 28 年）

　このように中教審答申においても、「粘り強く」「意思」という言葉を用いており、情意的な側面が強い資質・能力であることからも、自尊感情や自己制御、共感性との関連は想像に難くないと思います。

　他方、この「主体的に学習に取り組む態度」の評価は「むずかしい」と考えている教師は多いと思います。それは、（言うまでもないことですが）ペーパーテストなどによって定量的に評価することがきわめて困難だからです。

　ここに定性的な評価の必要性があるわけですが、ここでは次のように発想を転換してみたいと思います。

　「定性的である以上、自己評価との親和性が高いのではないか」

　このように考えれば、振り返りによって言語化すればよいので、定量的に考える必要がなくなるはずです。

　重要なのは、いまの自分の資質・能力が「いいか」「悪いか」ではなく（一喜一憂するのではなく）、「現在」の自分の状況を正しく認識し、「明日」の自分の状況をよりよくするにはどうすればよいかを考え、実際に行動に移せるようになることにあります（学習とは本来、その連続であるはずです）。

　こうした学習の連続性を意識できるようになれば、必ず本人の「意思」が介在されるし、継続していけばおのずと「粘り強く」なっていくはずです。

　国立教育政策研究所が指摘するように個別の能力ではないにせよ、非認知能力は子どもの自己調整学習に一役買う働きがあることは間違いないでしょう。

育成する力に名前をつけて意識する

　非認知能力の育成を考えるうえで重要な点は、「自分は今、どういう状況にあり、それとどう向き合っていくのか」を、子ども本人が強く意識することです。裏を返せば、無自覚である限り非認知能力は、期待される望ましい発達を遂げていけないと言えます。

　そこで必要となるのが「言葉」です。自分が意識していることを頭のなかだけで反芻するだけではなく、実際に声に出してみる、書いてみることが必要だということです。

　この言語化が、自分の学習に対する自覚を形成します。学校教育としても、その発達に大いに寄与します。この点については、学級はもとより学校全体で取り組めるようにすることが理想です。

　ここでは、中山がグルーピングした非認知能力群に即して紹介します。

資料　非認知能力群

自分と向き合う力	自分を高める力	他者とつながる力
自制心、忍耐力、レジリエンス（回復力）など	意欲・向上心、自信・自尊感情、楽観性など	コミュニケーション力、共感性、社交性・協調性

　教師としては、資料に挙げている3つの力のそれぞれについて、子どもが自分の選択した行動を、自分の言葉で語れるように働きかけます。

　その方法の一つとして挙げられるのが、授業を通じて行った子どもの言動をしっかり見取り、頭のなかでラベリングしながら価値づけることです。

　英語の授業であれば、たとえば「ペアになってスピーチをし合っている場面」を想定してみましょう。

- A くんがペアを組んでいた B さんのスピーチに対して、笑顔と拍手とともに「Oh, you like soccer! Me, too!」と反応した。
- この行動を見取り、「A くんは、B さんのスピーチに対して共感する

表現をつかっているところがいいね！」（「他者とつながる力」）と伝える。
● 音声言語は消えてしまうので、カードに「他者とつながる力」と記入
　して黒板に貼ったり、指し示したりする。

　また、学級経営を通じて「自分と向き合うこと」「自分を高めること」
「他者とつながること」の大切さを子どもたちに伝え、英語の授業に限
らず子どもの言動を見取って、「自分と向き合えているね」「クラスメイ
トとつながれる発言だったね」などと日ごろから価値づけるとよいで
しょう。

　こうした働きかけが浸透してくれば、子どもたち同士で価値づけ合う
姿も見られるようになるはずです。そうした他者評価によって「自分が
どうすると教師やクラスメイトから評価されるのか」「それに対して自
分はどう思うか」「これからどうしていきたいか」といったことに対して、
より意識を向けるようになります。

　子どもが自分の言葉で語れるくらいになったら、「学習の目標（自分の
力を伸ばしたいこと）」などを子ども自身が設定する段階に移行します。
このとき、留意することは、子どもが設定した目標が、単元目標の実現
に向かうものとなっていることです（「主体的に学習に取り組む態度」への位
置づけが考えられます）。

　そうなっていなければ、自分が目指すことと授業展開や内容とがズレ
てしまい、子どもは学習を自己調整しようがなく、やがて目標を見失い
迷走します。のみならず、教師のほうも「指導と評価の一体化」を図る
ことが叶わなくなります。

　そこで、単元の最初に、子どもが理解できる言葉にかみ砕いた「単元
目標」と評価の観点に基づいた３つの「評価規準」を示し、それに即
した自分の「学習の目標」を立てるように促します。

　この段階では、子どもは「自分と向き合うこと」「自分を高めること」
「他者とつながること」を意識できるようになっているので、子ども版
の単元目標と評価規準を踏まえながら、たとえば「自分を高めるために、

今まで学んだ表現を組み合わせて英語のスピーチに取り組む」とか、「クラスメイトに共感してもらえるように英語で自分の考えを工夫して伝える」といった「学習の目標」を立てられるようになるでしょう。

▎協働的に学ぶ取組

　現行の学習指導要領においては、授業改善の視点として「主体的・対話的で深い学び」を掲げ、令和3年の中教審答申においては「『個別最適な学び』と『協働的な学び』」が提起されています。

　このうち、子どもたち同士の「対話的」「協働的」な学び合いは、「言うは易く行うは難し」で、いわば古くて新しい課題とも言うべきものです。授業のなかで「時間」と「場」を設定しても、実を伴わなければ「活動あって学びなし」になってしまうからです。

　「隣の人とペアになって、5分間、話し合いましょう」と指示を出しても、それぞれ感想めいた意見をボソッとつぶやいて終わってしまう、それを見かねて「意見を言った後は、お互いに質問をし合いましょう」と投げかけるものの口を開こうとしない。みんながみんなではないにせよ、こうした子どもたちが教室にいれば、教師としては〝何とかしたい〟と思い悩むことでしょう。

　そうなってしまうのにはさまざまな理由があると思いますが、ここでは「子どもたちにとって話し合う意義を感じられない『問い』となっている」「自分の考えを伝え合える関係性が築かれていない」の2つにフォーカスして考えたいと思います。

　前者の場合に必要なことは、単元や授業デザインを工夫し、子どもたちの興味・関心を引く学習課題（問い）を設定し、子どもにとって学ぶ価値があると思えるようにすることに尽きます。言い換えれば、課題が自分事にならない限り、教師がいくら「協働的な学び」の大切さを丁寧に伝えても対話を活性化させることはむずかしいということです。

　学習課題を自分事にした子どもは、「自分の考えを誰かに話したい」「他

の人の意見を聞いてみたい」といった意欲が芽生え、闊達に意見を交わすようになります。そのためにも、学習課題を設定する際、正解ありきではなく、子ども自らが納得解を見つけていけるような内容にすることが望まれます。

　後者の場合に必要なことは、子どもたちが「自分の思いついたことを口にしていい」「間違ったことを発言しても恥ずかしい思いをしない」「クラスメイトの考えを聞くのはおもしろいし、自分の学習にも役に立つ」と思えるようになっていることです。このような風土・文化を学級につくることが教師に求められるミッションとなります。

　「授業の土台は学級づくり」と言います。生徒指導提要（改訂版）においても、発達支持的生徒指導の一面として「全ての児童生徒にとって安全で安心な学校づくり・学級づくり」を目指すことが述べられ、多様性を認め合うことや応援してもらっていると感じること、自己信頼感を育むことなどが提言されています。

参考文献
●中山芳一著『教師のための「非認知能力」の育て方』明治図書出版、2023 年
●池迫浩子、宮本晃司著、ベネッセ教育総合研究所訳「家庭、学校、地域社会における社会情動的スキルの育成─国際的エビデンスのまとめと日本の教育実践・研究に対する示唆」ベネッセ教育総合研究所、2015 年
https://www.oecd.org/education/ceri/FosteringSocialAndEmotionalSkillsJAPANESE.pdf

英語を話す心理的ハードルを下げる活動アイディア例

授業開き

　学年が上がるほど、まわりの目が気になり、人前で発表することに苦手意識をもつ子どもが増えてくるものです。それに対して英語の授業では、自分の思いや考えを話したり聞いたりする言語活動を中心とするため、心理的安全性の確保は必要不可欠です。そこで、4月の授業開きの機会を利用し、「英語を使って話すことは（たとえ文法的にはおかしな英語であったとしても）、ちっとも恥ずかしいことではない」ことを、エピソードベースで話をしておくのも手です。

［エピソード①］道で出会った外国の方が…

　先生が自分の家の近くを歩いていると、外国の方が道の向こうからやってきて、次のように日本語で話しかけてきました。何だかとても困っている様子です。

> すみません。私、広島駅です。どこ？　私はどこですか？　私は、広島駅です。広島駅。

　この外国の方は先生に何を伝えたかったのでしょう。ちょっと考えてみてください。きっと想像がつくのではないでしょうか。

　Aさん、発言ありがとう。そのとおりです。この方が伝えたかったのは、「自分は広島駅に行きたいのだけど、どう行ったらよいかわからないから教えてほしい」と言いたかったんですね。

　日本語としては正しくないけれど、何となく言いたいことはわかる。これは英語だって同じです。

　大切なことは、まず**伝えたい気持ちをもつこと**、それを**言葉や行動に**

してみることです。そうすれば、相手のほうがあなたの気持ちを想像して理解しようとしてくれるんですよね。英語の授業でも、まずは言葉にしてみることを大切にしましょう！

［エピソード②］「シラミ」をください！

　先生が中学生のときのことです。英語の先生がこんなことを言っていました。外国のレストランに行ったら、「発音に気をつけないと、大変なことになることがあるよ」ってね。

　たとえば、ライス。あるお客さんが、ご米が食べたくて注文したのだけど、店員さんは怪訝顔。聞こえなかったのかと思ってもう一度言ったら、今度は苦笑い。どうやら発音に原因があるらしい。

　そのお客さんの発音を単語にすると "Lice"。そして、お米は "Rice"（実際に発音もしてみます）。頭文字が違うよね。発音も違うんだ。

　店員さんには "Lice" と聞こえたから、怪訝な表情を浮かべたんだよね。だって、"Lice" の意味はシラミなんだもの。

　日本だと同音異義語がたくさんあるよね。たとえば、病気の「癌」と鳥の「雁」。日本だと発音も一緒だから、私たちは前後の文脈でどの意味が正解かを相手が察してくれる。だけど、英語は似た発音ではあるけど、ちゃんと聞けば違うから、どういう意味かを判断しているんだ。

　だから、外国のレストランに行ってお米を注文したかったら、「Rice, please.」ね。

　といっても、実際には外国でも察してくれるよ。まさかレストランでシラミを注文するお客さんはいないものね。先生は昔、アメリカ旅行に行ったときに、わざと「Lice, please.」と言ってみたのだけど、ちゃんとご飯が出てきたもの。

　国籍にかかわらず、私たちの話す言葉の意味を相手のほうが考えてくれるんだよね。英語の授業でも同じ。正しい発音を気にするよりも、まずは**思い切って英語を話してみること！**　相手の言っていることを理解しようとする気持ちこそが、コミュニケーションの一番大切なことなん

だ。そのうえで、より伝わりやすくなるように、自分の力を高めていけるといいよね。聞くほうは、目的や場面、状況を踏まえて、相手が何を伝えたいかを考えるのが大切だね！

> 子どもたちが共感できそうなエピソードを共有することで、「何かおかしなことを言っても大丈夫！」といった心理的安全性を確保し、「とにかく英語を話してみよう」「相手の言っていることをわかってあげよう」という気持ちを育むことが大切です。

参考文献
●拙著『はじめての小学校英語』明治図書出版、2017 年

英語授業のお約束

英語を話す心理的ハードルを下げる活動アイディア例

　自分の思いを言葉にするのは、少なからず勇気がいるものです。英語ならなおさらです。こうしたハードルを少しでも低くする働きかけが必要です。

　そのために大切にしたいのが、話をした「内容」に対する共感と、「英語を使ったこと」に対する賞賛です。お互いに伝え合う気持ちが育ち、英語を使って話をする抵抗感がなくなってくれば、おのずとチャレンジ精神も芽生えてくるでしょう。

1　まずは内容、英語は後

　知り合いから、日本語で「あなたは何色が好きですか？」と聞かれたら、どう答えますか。例えば「黄色です」と答えたとします。そのとき、その知り合いから、「いいえ。違います。『私は黄色が好きです』が正しいです。私が言ったとおりに、繰り返してください。さん、はい！」と言われたら、どんな気持ちになりますか？　明らかにおかしいと感じることでしょう。

　でも、英語の授業では、これをよくやってしまうのです。

　先生や ALT が、"What color do you like?" と尋ね、子どもが "Red." と答えたら、"No, I like red. Repeat after me" と言ってしまいがちです。自分の考えを日本語でさえ言いにくい子が、勇気を振りしぼって英語で言った場合であれば、"No." と言われた時点で、もう 2 度と英語で発言したくないと思ってしまうかもしれません。だからこそ、まずは子どもが口を開いたとき、その内容を受けとめることが大切なのです。

　"What color do you like?" に対して、子どもが "Red." と答えたなら、

"Oh, you like red. I like red too. I'm happy!" と子どもの発言内容に共感するのです。

　正しい英語を話させるよりも、まずは英語を話そうと思う気持ちを育てましょう。話そうとする先に正しい英語があり、決してその逆ではありません。

2　Good job! をみんなで伝え合おう！

　思い切って英語が言えた子、考えながらコミュニケーションを図れた子などがいるたびに、お決まりのフレーズで賞賛し合う取組を続けていると、クラスに一体感が生まれます。

　たとえばですが、教師が「A さんが、がんばったぞ！」と言って、パン・パンと 2 回拍手し、両手の親指を立てて "Good job!!" と伝えるといった取組です。

　最初のうちは教師が率先して行います（ALT が入っていれば、互いにかけ合います）。そうしているうちに、子どもたちが真似をしはじめます。すると、教師が言わなくても、「先生、B さんが、がんばったよ！」と子どもが言い出すようになります。その楽しさがわかってくるからです。

　次第にクラス全員の息がそろい、お互いのがんばりを英語で称え合う "Good job!!" の声が響き渡ります。そのころには、英語で話をする安心感が生まれ、やがて挑戦意欲へと変わっていきます。

3　「The answer is...」でクイズを楽しもう！

　英語の授業では、クイズや内容理解の問題を出すことがよくあります。その答えを言うとき私は、"The answer is..." とためをつくるようにしています。その間、ドラムロールをイメージして「ダ〜〜ッ、ダッ」というリズムで机を細かく叩き、その後に答えを言います。これも "Good job!!" と同様に、しばらくやり続けると子どもたちが真似をしはじめ、クラス全体に広がっていきます。

参考文献
●拙著『はじめての小学校英語』明治図書出版、2017 年

英語を話す心理的ハードルを下げる活動アイディア例

....

わかり合う楽しさを
味わう「Change Game」

　子どもたちの資質・能力は、単元というまとまりを通して育成していくものですが、英語に関しては特に「年間を通してコミュニケーション能力を育成する」という視点をしっかりもつことが大切です。その際、キーとなるのが「わかり合う楽しさ」です。

　そうした楽しさを味わえるようにするにあたって壁となるのが、子どもたちの「正しさを求める心情」（みんなの前で間違いをしたくないという思い）です。その思いを汲むからこそ、（前述したように）「表現等の正しさ」よりも、まずは「英語を使って話をする（話を聞く）ことはおもしろい」という意識が芽生えるようにすることが重要です。そうした活動の一つとして挙げられるのが、「Change Game」（授業内に行える短時間活動）です。これは、ペアを組んでお題が何かを英語やジェスチャーで伝え、聞き役の子どもにお題は何かを当てさせる活動（いわゆる連想ゲーム）です。

［STEP1］ 誰とやる？どっちが先？

　ペアを組みます。左右、前後、ななめなど、どういうふうにペアを決めるのかについては日によって変えます。そのほうが伝え方にバリエーションが生まれます。

　ペアが決まったら、どちらが先にお題を伝える役となるかをじゃんけんで決めます。「Rock, scissors, paper 1.2.3!」でもいいし、時間を短縮したい場合には「右側にすわっている人が先」という約束事にするのでもよいでしょう。

［STEP2］お題を示す！

「聞き役」の（お題を当てる）子どもには、顔を机に伏せて前が見えないようにします。「伝え役」の子どもには、お題を示します（例：「消防士」）。

お題は、日本語で黒板に書いて示したり、授業で使っているピクチャーカードで示したりする方法もあります。ただし、ピクチャーカードを活用する場合は、「それって何だっけ？」とならないよう、（これは消防士だなどと）子どもたちがその絵の意味がわかるようにしておきましょう。

［STEP3］ゲームスタート

お題を伝える時間は 20 ～ 30 秒とします。伝える手段は、基本的に英語とジェスチャーとします（「Fire」「Red」火を消す動作など）。ほかにも、絵やアルファベットを使って伝える方法もあります。子どもの状況を見ながら一緒にルールをつくっていくとよいでしょう。

「聞き役」の子どもは、「伝え役」の子どもの英語やジェスチャーを見聞きしてお題は何かを考えるようにするわけですが、慣れてきたら、「聞き役」の子どもが英語で質問してもよいといったルールを付加するのもよいでしょう（「Fire fighter?」など）。

［STEP4］どんなヒントを出したかを確認！

時間が来たら、答えがわかった子どもに起立するように促し、一斉にお題を言うようにします。日本語でも英語でもかまいません。ただし、その後は全員で英語での言い方を確認します。

次に、「みんなはどんなヒントを出した？」と聞き、子どもたちに発言してもらいます。そうすることで、伝え方のバリエーションがクラス全体にシェアされ、子どもたちの英語表現の引き出しになります。

この後は、役割を交代して同じ活動を行い、伝える楽しさ、わかってもらえる嬉しさ、お題を考えるおもしろさを共有していきます。そもそものお題を子どもが考えるようにすれば、（○○先生など）より主体的な学びとなっていきます。

参考文献
●拙著『はじめての小学校英語』明治図書出版、2017 年

04

互いを認め合える「You Can タイム」

英語を話す心理的ハードルを下げる活動アイディア例

心理的安全性のあるクラスにするにはいくつかの条件がありますが、その一つに挙げられるのが「自分のことを周りが認めてくれる経験」です。一朝一夕にはいかないので、「クラスメイトのよいところ」を伝え合う取組からはじめるとよいでしょう。

恥ずかしがったり、「そんなことはないよ」などと否定的なことを口にしてしまったりすることはあるかもしれませんが、自分のよいところを挙げてもらって不機嫌になる子どもはいません。

「クラスメイトのよいところを言ったら相手が嬉しそうにしていた」という経験を積むことで、クラスへの所属感をもてるようになったり、「また誰かのよいところを教えてあげたい」といった気持ちが生まれたりします。そうするなかで、段々と「自分自身のことを周りが認めてくれる」という雰囲気が生まれていきます。

そこでここでは、英語の活動を通じてこうした雰囲気を醸成する方法を紹介します。

STEP1 「今日の主役」を選んで自己紹介

最初に、「今日の主役」を選びます。出席番号順でもち回りにしてもよいし、名札カードを箱に入れてくじ引きにするのでもよいでしょう（その場合にも、クラス全員が「今日の主役」になれるように、一度選ばれた子の名札カードは箱に戻さないようにします）。

主役を決めたら、その子が自己紹介を英語で行います。その際、小学

生であれば次に挙げる 4 〜 5 文程度がいいと思います。

① Hello, everyone.　② My name is...　③ I like ◯◯.　④ Thank you.

　中学生なら、学年に応じて自己決定させるとよいでしょう。

STEP2　質問をする！

　自己紹介が終わったら、クラスメイトからの質問タイムです。

　「What food do you like?」「Do you like music?」といったように、既習の英語表現を使ってコミュニケーションを図るようにします。質問は 3 〜 5 個程度がいいでしょう。

　質問する子と主役の子のやりとりを聞いている子どもたちには、「Oh!」「Really?」といったリアクションをとるように声をかけます。

STEP3　友達ができることを考える！

　質問タイムの後は、"主役の友達ができること"について近くの友達と話し合うようにします（1 〜 2 分程度、このときは日本語 OK）。次は"can"を使って伝え合う活動にするので、机間巡視をしながら子どもたちが伝えたいことを英語でどう言うかをフォローします。その場で英語にすることができないことも多いので、その場合は日本語を交えたり、意訳をしながら英語にしたりすることを促して、表現しようという子どもの意欲を伸ばすように心がけます。

STEP4　友達を英語で勇気づける！

　最後に、主役の友達が"できること"を何人かに英語で発表してもらいます（2 〜 5 人程度）。その際、主役の子どもの方を向いて心を込めて伝えるように促します。中学生なら、"できること"に留まらず、一言つけ加えることができるはずです。"できること"を伝えた後は、主役の子どもに「言われてどう思ったか」感想を述べてもらい、クラスメイトが認めてくれることの喜びをみんなで共有します。

　学校教育における英語は勉強に違いありませんが、目的としていることはコミュニケーションです。英語を使って人と人がつながる楽しさを実感できるようにすることが大切です。

参考文献

◉拙著『はじめての小学校英語』明治図書出版、2017 年

子どもの視野を広げる

　外国語教育では、「日本に観光に来たアメリカ人に対して」「日本に興味があるオーストラリアの中学生とのオンラインで」など、「目的や場面、状況」を設定して言語活動を行うことが求められていますが、こうした活動が効果をあげるには、たとえば以下のような考えをもっていることが前提となります。

● **アメリカやオーストラリアをどのような国だと考えているか。**
● **日本はどのような国だと考えているか。**

　こうした考えや理解の深度は、その子の能力というよりも家庭での経験等に大きく左右されるので、子どもによってさまざまです。そのため、学校教育においてはその土台づくりのために、外国への興味・関心を高めたり、日本という国を改めて見直したりする機会をつくり、自ら学びを広げていけるようにすることが大切です（**資料1**に示すとおり、以前は「国際理解教育」と呼称されていましたが、現在文部科学省は「国際教育」で統一しています）。

　「理解だけでなく」と示されているとおり、他国の文化を知ることが目的ではなく、その共通点や相違点を知ることを通して日本という国の文化などへの理解を深めるとともに、「地球的視野に立って」自分の考えを深め表現することを目指していることがわかります。加えて、他国との違いを認め合うことは、多様な価値観に触れることが前提にあり、このことはお互いの違いを認め合える自立的な学習者の土台となるため、ウェルビーイングにもつながると考えます。

　ここでは、小学校第3学年から取り組める活動を紹介します。**資料2**

資料1

国際理解教育

他の国や異文化を理解する教育や単に体験したり、交流活動を行ったりする活動にとどまっていた。

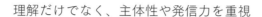

理解だけでなく、主体性や発信力を重視

国際教育

国際社会において、地球的視野に立って、主体的に行動するために必要と考えられる態度・能力の基礎を育成するための教育

（https://www.mext.go.jp/b_menu/shingi/chousa/shotou/026/shiryou/05061601/005.pdf）

資料2

題材	オススメ学年	備考
世界のポスト	小学校第3学年	Let's Try! 1の中に、色がある
世界のスポーツ	小学校第4学年	Let's Try! 2の中に遊びがある
観光客に人気の日本食	小学校第5学年	社会科で日本の国土を学ぶ
何を使って食べる？	小学校第6学年	社会科で日本の歴史を学ぶ
ハンバーガーはいくら？	中学校第3学年	公民的分野で市場経済について学ぶ

ではオススメの学年を例示していますが、他の学年で取り入れることも可能です。

　資料2の活動内容は、「知ってそうでいて、意外と知らない事柄」を取り上げています。その理由は、家庭での経験や塾で学習した先行知識等からの影響を受けないようにするためです。つまり、英語が苦手だったり、知識が少なかったりしていても参加できるテーマにすることで、どの子も楽しみながら主体的に取り組むことができるようにします。こうしたことも、国際教育においては大切なことだと思います。

01

国際教育の視点を取り入れた活動アイディア例

活動名

世界のポスト

小学校第 3 学年　所要時間　クイズ中心の場合は 45 分
★の活動を加える場合は 90 分

TARGET　主な内容 ···

　日本のポストは基本的に赤色だが、他国ではそうとは限らない。「色
（color）」に慣れ親しみながら、日本と世界の違いについて知る。

MATERIALS　言語材料 ···

- red, blue, yellow, green, orange
- Do you like 〜？　Yes, I do. ／ No, I don't.

分	学習活動	内容
00	Small Talk：好きな色を答える。	教師が "What color do you like?" という表現を使って、児童に好きな色を尋ねる。 ★学年や実態に応じて、児童同士で尋ね合い、色の言い方だけではなく、色を尋ねる表現に慣れ親しませることも考えられる。
05	色クイズパート1を行う（単色→複数色）。	色がない線だけの絵を示して、"What color is this?" と問う。 ①バナナ（It's yellow.） ②みかん（It's orange.） ③すいか（It's black and green.）

124

④いちご（It's green and red.）

★3年生であれば、green and redという答えを引き出した後、葉を赤、果実部分を緑にしたイラストを出すと盛り上がりますし、"No!"という英語表現とともに、何度も「ここがgreenで、ここがred！」と、何とか伝えようというコミュニケーション意欲を引き出すことができます。

⑤おにぎり（It's black and white.）

★④のいちごで逆の色でぬったイラストを示していれば、このイラストでも盛り上がります。答えを引き出す前から、「ここがblackだよ」という声があがることでしょう。

	色クイズパート2を行う（信号機）。	①色がない歩行者用信号機の絵を示して、What color is this? と問う（青が上か下かを尋ねる）。 ②色がない車両用信号機の絵を示して、What color is this? と問う（青が右か左かを尋ねる）。 

		★学年や実態に応じて、信号機で重要な色の赤を道路の中央寄りに置き、運転手に見やすくしているという理由を説明することも考えられる。これを踏まえると、左側通行の国は色の順番が逆になることが分かる。
20	色クイズパート3を行う（世界のポスト）。	色がない線だけのポストの絵を示して、What color? と問う。 "It's red." という答えに対して、"It's correct. Because this post is in Japan." と返し、"What color in Korea?" と尋ねて、色がない線だけのポストの絵を示す。これを続けていく。 　韓国（Korea）　red 　アメリカ（America）　blue 　中国（China）　green 　フランス（France）　yellow 　オランダ（the Netherlands）　orange 　ブラジル（Brazil）　yellow 　ロシア（Russia）　blue
35	感想を交流する。	色の違いについて、印象を伝え合う。 学年や実態に応じて、色が違うことについての感想を中心にしたり、どの色のポストが好きかを尋ねたりするなど内容を変えることができる。 ★実施する学年によっては、赤色のポストの国は、かつてイギリス領であったことや、イギリスの郵便制度を取り入れた国が多いことなどを紹介することも考えられる。

02

国際教育の視点を取り入れた活動アイディア例

活動名

世界の人気スポーツ

小学校第4学年　所要時間　教師主導の場合は45分
　　　　　　　　　　　　★の体験等を加えた場合は90分

TARGET 主な内容 ……………………………………………………………

　　スポーツにおける日本の競技人口順を考えた後に、世界の競技人口
の多さを考える。違いを知るとともに、世界で楽しまれているスポー
ツに関心をもつきっかけとする。

MATERIALS 言語材料 ……………………………………………………………

○ soccer, baseball, volleyball, basketball etc.

○ Do you like 〜？ Yes, I do. / No, I don't.　Let's play 〜！

分	学習活動	内容
00	Small Talk：好きなスポーツを答える。	教師が What sport do you like? という表現を使って、児童に好きなスポーツを尋ねる。 ★学年や実態に応じて、児童同士で尋ね合い、スポーツの言い方だけではなく、好きなスポーツを尋ねる表現に慣れ親しませることも考えられる。
05	日本のスポーツ競技人口ランキングを考える。	主なスポーツのピクチャーカードを黒板に貼り出し、教師が日本国内の競技人口ランキングを尋ね、児童が予想する。"What is the most popular sport in Japan (in terms of participation)?"（2020年の登録者数） 第5位　卓球（約36万人）

127

		第4位　バレーボール（約41.8万人） 第3位　陸上競技（約42.5万人） 第2位　野球（約65万人） 第1位　サッカー（約91.9万人） ★各自で予想を書いた後に、何人かに理由を尋ねることも考えられる。 ★学年や実態に応じて、競技人口の大きな数字を英語で言うことも考えられる。
20	世界のスポーツ競技人口ランキングを考える。	日本の競技人口をもとに、教師が世界のスポーツ競技人口ランキングを尋ね、児童が予想する。"What is the most popular sport in the world（in terms of participation）?" 第5位　サッカー（約2億6千万人） 第4位　クリケット（約3億人） 第3位　卓球（約3億人） 第2位　バスケットボール（約4億5千万人） 第1位　バレーボール（約5億人） ★各自で予想を書いた後に、何人かに理由を尋ねることも考えられる。 ★学年や実態に応じて、大きな数字（競技人口）を英語で言うことも考えられる。 ★「クリケット」について動画を視聴する機会を設けるなどして、日本でなじみがなくても世界では人気のスポーツがあることを知り、関心を高める。
40	好きなスポーツを発表する。	改めて児童に好きなスポーツを尋ねたり、やってみたいスポーツを聞いたりする。 ★パラリンピックの正式種目であるボッチャや、

		芸人が日本代表になって話題になったモルックなどを取り上げて、実際にやってみることも考えられる。 実際にやってみるスポーツを決めるにあたっては、各自の作業時間を確保し、端末を使って写真を取り込んだプレゼンテーションを行い、投票し合うことも考えられる。

参考 URL

競技人口 https://magazine.tr.mufg.jp/90680

モルック（芸人日本代表）: https://www.asahi.com/articles/ASN6T6W0XN6HPTQP004.html

観光客に人気の日本食

国際教育の視点を取り入れた活動アイディア例

03

【活動名】

観光客に人気の日本食

【小学校第5学年】 所要時間　教師主導の場合は30分
　　　　　　　　　　★の活動を加えた場合は90分

TARGET 主な内容 ....

　日本人にとっては当たり前の日本食だけれども、他国の人からはどのように見えているかを考える。その後に、改めて日本食について自分の思いを語るようにする。

MATERIALS 言語材料 ....

○ Sushi, Yakiniku, Sashimi, Ramen etc.

○ What Japanese food do you like ？ I like 〜 .

分	学習活動	内容
00	Small Talk：好きな食べ物を答える。	教師が What Japanese food do you like? という表現を使って、児童に好きな日本食を尋ねる。 ★学年や実態に応じて、児童同士で尋ね合い、好きな日本食を尋ねる表現に慣れ親しませることも考えられる。
05	外国人観光客から見た「日本食」とは何がありそうかを考える。	旅行会社 HIS のアメリカ法人の調査による「食べたい日本食ベスト10」をもとに、観光客が何を挙げているかを予想する。 おにぎり、焼肉、そば、焼き鳥、しゃぶしゃぶ、お好み焼、カレー、天ぷら、ラーメン、寿司 ★おにぎりやカレー、ラーメンは日本食として

		とらえていない場合があるため、出にくいときは英語でヒントを与えて（Black and white など）考えさせたり、カレーやラーメンは日本で独自の発展を遂げていることを伝えたりすることが考えられる。
15	外国人観光客に人気の日本食ランキングを考える。	旅行会社 HIS のアメリカ法人の調査による「食べたい日本食ベスト 10」をもとに、教師が尋ねて児童が順位を予想する。"What Japanese food is the most popular?" 第5位　お好み焼 第4位　カレー 第3位　天ぷら 第2位　ラーメン 第1位　寿司
25	おすすめの日本食を発表する。	ランキングを踏まえて、外国の同年代におすすめするなら、どの日本食がよいかを考えて発表する。その際に使用する英語表現は実態に応じるものとする（"I recommend 〜 ." "I like 〜 ." "My favorite Japanese food is 〜 ." など） ★発表にあたっては、各自の作業時間を確保し、端末を使って写真を取り込んだプレゼンテーションを行うことも考えられる。

参考 URL：
Most popular Japanese foods amongst tourists（his-usa.com）
https://top.his-usa.com/destination-japan/blog/most_popular_japanese_foods_amongst_tourists.html

04

国際教育の視点を取り入れた活動アイディア例

活動名

何を使って食べる？

小学校第 6 学年　所要時間　クイズ中心の場合は 45 分
★の活動を加えた場合は 90 分

TARGET 主な内容 ....

　日本人は主に箸を使って食事をするが、他国ではそうではない。現代の世界では、約 40％が手づかみで食事をし、ナイフやフォーク、スプーンで食べる人口は 30％、箸を使用して食べる人口は 30％程度だと言う。さらに先が細くなる箸を使うのは日本だけである。また、日本では、おにぎりや寿司は手づかみ、洋食やスイーツはスプーンやフォークを使うなど、料理に応じて使用する道具を変えるといった特徴に気づく機会とする。

MATERIALS 言語材料 ....

○ 国名、chopsticks, spoon, fork, hands

○ What do you use to eat curry?

分	学習活動	内容
00	食材クイズ：カレーの食材がどこから来たかを考える。	教師がチキンカレーの写真を見せて、食材がどこから来ているかを考える。 "This is chicken curry. The chicken is from Brazil. The soy beans are from ...America. The carrots are from ... Hagi. The potatoes are from ...Hokkaido."
05	食べ物クイズ：次の日本食は元々どこか	教師が Where does curry from? という表現を使って、児童にクイズを出す。

	ら来たか。	①カレー（インド） ②豆腐（中国） ③天ぷら（ポルトガル） ④コロッケ（フランス） ★学年や実態に応じて、天ぷらやコロッケの語源と言われるポルトガル語やフランス語を紹介することも考えられる。
15	カレーをどのように食べるかを考える。	"What do you use to eat curry?" と尋ね、"Spoon！（スプーン）" という答えが出れば、"That's right. But it's in Japan. How about India?" と尋ね、"With hands." を伝える。児童が違和感をもっていれば、「カレーを手で食べるのは、食事を豊かで社交的なものにするインドの文化に由来するもの」「インドのコメは水気が少なく、カレーは水気が強い。そのため手でこねるようにして混ぜるのは実は合理的」「日本人も、おにぎりやパンは手で食べる」と伝える。
25	三大食事方法クイズを考える。	食事方法は主に、「手食」「箸食」「フォーク・スプーン・ナイフ食」の3つがあることを伝え、日本は箸食文化圏であることを確認する。その後に、3つのうち、どれが多いかを予想させ、世界地図を配る。予想の後に、たとえば「手食＝赤」「箸食＝黄」「フォーク等食＝青」とし、教師が言うことを聞いて国に色を塗っていくようにする。 　手食…インド、エチオピア、モロッコなど 　箸食…日本、中国、韓国など

		フォーク食…アメリカ、イタリア、フランスなど
		★国の位置がわからない場合は、世界地図を活用して国の位置を指し示しながら説明を加えることも考えられる。
40	感想を伝え合う。	色を塗った地図を見ての感想を伝え合う。その際、手食が4割、箸食が3割、スプーン食等が3割であることを伝えるとともに、それぞれの違いを認め合い、背景にある文化を尊重し合えるように補足する。 ★同じ箸食であっても、箸の材質に違いがあること（日本は木やプラスチック、中国は木や象牙、韓国は金属など）や先が細くなっていること、中国と韓国はスプーンを合わせて使うことが多いこと、日本は1人ずつ個人所有の場合が多いが、中国や韓国は家族で共有することが多いといった違いにも触れるとよい。 ★日本での箸食のはじまりは遣隋使であった小野妹子らが食事作法としてもち帰り、聖徳太子が朝廷内で取り入れたと言われていることにも触れることが考えられる。

参考 URL
カレーはどこから来たの？：農林水産省（maff.go.jp）
https://www.maff.go.jp/j/agri_school/a_menu/curry/01.html
世界の三大食作法（大阪教育大学）

05

国際教育の視点を取り入れた活動アイディア例

活動名

ハンバーガーはいくら？

中学校第3学年 所要時間 クイズ中心の場合は30分
為替の話を加えた場合は50分

TARGET 主な内容 ･･････････････････････････････････････

　マクドナルドは世界中に広がっているハンバーガーチェーン店である。国よって独自のメニューもあるが、ビッグマックはどこの国でも販売されている商品である。

　このことから、異なる国々で販売されているビックマックの価格を比較し、為替レートの適正性を評価する一律の比較指標として使われることもあることを知る。

MATERIALS 言語材料 ･････････････････････････････････

○ 国名、値段

○ How much does a Big Mac cost in Japan?

分	学習活動	内容
00	ビッグマック・クイズ：値段を考える。	ビッグマックの写真を見せながら "What's this?" と尋ねて答えを確認する。その後、"How much does a Big Mac cost?" と尋ね、"It's 450 yen." と確認する。その後、もう一度、ビッグマックの写真を見せて、"How much does a Big Mac cost?" と尋ね、"It's 500 yen." と確認する。その後、"Why is the price different?" と尋ね、国による違いであることを確認する。

| 10 | ビッグマック・クイズ：順位を考える。 | いくつかの国旗を紹介し、英語での国名を確認し、ビッグマックの値段による順位を予想させる。
［例］
　スイス（Switzerland）
　アメリカ（America）
　ブラジル（Brazil）
　インド（India）
　ロシア（Russia）
予想させた後、並べ替えの正解だけを伝えて終わる。そうすることで、「値段を知りたい」という生徒の気持ちを高め、"How much does a Big Mac cost in ～ ?" などと英語での質問方法を考えるように促す。 |
| 20 | ビッグマック・クイズ：値段を紹介する。 | 日本円に換算すると、いくらぐらいかを予想させた後に教師に尋ねさせ、値段を答える。
　スイス（Switzerland）　¥1,062
　アメリカ（America）　¥813
　ブラジル（Brazil）　¥511
　韓国（Korea）　¥500
　日本（Japan）　¥450
　インド（India）　¥366
　ロシア（Russia）　¥215
★日本円で紹介する以外にも、ドルで紹介することで為替レートの変動によっても値段が変わることを伝える。 |

| 30 | 感想を伝え合う。 | 国によってメニューが違うことを伝える。例えばヨーロッパではドリンクにビールがあることや、インドでは牛肉を使用したバーガーはないこと（宗教上の理由）が大きな違いとしてある。 |

［注］ ビッグマック指数は毎年変わります。また、上記の日本円での表記はあくまでその時点のものであり、永続的なものではないことを御了承ください。実際に授業される際の最新情報をもとにするようにしてください。

　　「違いを認め合う」のは簡単なことではありません。中教審の各種答申等では、過度な「正解主義」や「同調圧力」が課題として指摘されていることや、金子みすゞさんの詩（「みんなちがって、みんないい」）が教室や学校に掲げられているのも、「違いを認め合う」こととのむずかしさの裏返しなのかもしれません。こうした教育課題に正対するとき、諸外国の文化等との「違い」について直接的に扱う英語の授業は、「違いを認め合う」ファーストステップだと位置づけることもできるでしょう。

参考文献

●最新のビックマック指数と読み方（主要 33 ヵ国比較・本日のレートより算出）｜ おさんぽみち（osanpomiti.com）
https://www.osanpomiti.com/bic-mac-index/
●世界のユニークな「マクドナルド」を探して〜ヨーロッパではビールを頼める！〜 ｜
TRIP'S（トリップス）（trip-s.world）
https://trip-s.world/mcdonald-in-europe
●拙著『はじめての小学校英語』明治図書出版、2017 年

同僚と協働した授業研究を通して 授業観の転換を図る

■授業観は、そう簡単には変わらない

　古い話になりますが、中央教育審議会が平成8年に答申した「21世紀を展望した我が国の教育の在り方について」（第一次答申）においては、「生きる力」を育むことを提起し、続く平成20年の答申においてもその理念を継承し、その一つに「いかに社会が変化しようと、自ら課題を見つけ、自ら学び、自ら考え、主体的に判断し、行動し、よりよく問題を解決する資質や能力」を育成することを挙げています。

　こうした流れのなかで、平成10年の学習指導要領では「総合的な学習の時間」が総則に規定され、その後、第5章において目標や内容の取り扱いが明記されるようになりました。

　このように、創設されてから四半世紀を迎えた総合的な学習の時間ですが、いまなお「指導が難しい」という声が聞かれます。ほかにも、前年度に行ったことをなぞるだけの実践や、長い時間をかけて調べたことを最後に発表して終わるだけの実践も少なくありません。

　こうした現状にとどまっている理由の一つに、旧態依然とした授業観が挙げられます。すなわち、「教師の仕事は教えること」「教師の指示のもと、全員が一斉に同じ活動をさせるのが授業である」といった授業観から抜け出せていないということです。

　これは、総合的な学習の時間に限ったことではありません。自立した学習者をめざす限り、どの教科等でもボトルネックになり得るものだからです。そうである限り、学習者用デジタル教科書の活用も、（前述した

ように）「デジタル一斉授業」にとどまってしまうことでしょう。

授業観を転換するために必要なこと

　坂本（2007）は、「大学生の多くは、教師の一方的な話を聞く授業スタイルに慣れていることが予想される。このような被教育経験が長時間積み重なって、教師の授業観を形成する」と論じています。加えて、2022年に公表された中教審答申は、次のように指摘しています。

　令和3年答申が示す子供一人一人の学びの姿は、教師及び教職志願者が子供の頃に受けてきた授業とは必ずしも一致しない可能性がある。また、子供たちの実態も、教師及び教職志願者が自ら経験してきた以上に多様化している。

　個別最適な学び、協働的な学びの充実を通じて、「主体的・対話的で深い学び」を実現することは、児童生徒の学びのみならず、教師の学びにも求められる命題である。つまり、教師の学びの姿も、子供たちの学びの相似形であるといえる。

（「『令和の日本型学校教育』を担う教師の養成・採用・研修等の在り方について」）

　こうした指摘からもわかるように、かつて自分はどのような授業を受けてきたのかを、いったん意識の隅っこに追いやり、「いま求められている学びはどのような姿をしているか」について、教師自身の学び（研修）を通して具体的なイメージをもつことが、授業観の転換を図る第一歩であるといえるでしょう。

授業観の転換を図る教師の学び方の視点

　「教師の学び方を変える」というと、講義形式の研修ではなく、ワー

クショップ形式（演習形式）の研修を増やせばいいかのように思う方もいるかもしれません。しかし、形式を変えるだけでは、授業観の転換を図るのは難しいと思われます。

　そこで、ここでは「教師の学び方」を考えるうえで必要となる視点を、校内での授業研究をイメージしていくつか紹介します。

1　授業観の転換には、子どもの力を信じることが重要
　自分自身の気持ちとしては授業を学習者主体にしたいと考えていても、思うように委ねきれないと悩む先生方も少なくないと思います。
　A教諭もそんな一人で、藤（2023）は次のように述べています。

　A教諭はできるだけ子どもたちに「委ねたい」という理想を抱きながらも、子どもたちの様子を教師が直接伝えないと気づかないと考え、A教諭主導で進めてきたことへの葛藤があったと解釈できる。

　こうした状況に対して坂本（2007）は、授業実践の変革につながるかは「それぞれの教師の持つ信念が省察による学習に深く影響している」と述べ、子どもが自立して学ぶことができる存在であることを信じる重要性を指摘しています（Warfield等〈2005〉が行った研究）。また、奈須（2021）も「子どもは有能な学び手である」と述べています。
　さらに、このことに関してボルノウ（2006）は、「われわれ教育にたずさわっている者は、『子どもが教師を信頼しなければ、教育はうまくゆかない』ということを、誰もが知っており、またしばしば口にもしている。それは教育の経験を有する者の常識であり、教育実践の前提をなす自明な公理であるといえよう」と述べています。
　こうした知見からもわかるように、授業観の転換に向けてまずは、「子どものもてる力を信じること」が重要であり、そのことによって子どもが教師を信頼することがスタートラインだといえるでしょう。
　では、これからの授業研究はどうあるべきでしょうか。

2　子どもの力を信じるためには、子どもの事実を共有

坂本（2007）は、「授業研究を行っても教師に必ずしも適切な学習が行われない可能性がある」と指摘しています。その理由として、次のように述べています。

授業事例を見る際、教師たちは教授方略にのみ焦点を当てる傾向にある。Sherin & Han（2004）によれば、授業の主目的である児童や生徒の学習に注目する"専門家の視座"を獲得するには、研究者や主導者の関与が必要となる。

すなわち、授業研究の目的を指導法の充実に据えてしまうと、肝心の子どもたちの学習の充実が二の次になってしまうという指摘です。それでは、教師の指導は成立しているものの、子どもの学習が成立していない授業にしてしまいかねません。

また、千々布（2021）は、授業研究にかかわる多様な論文等の分析を踏まえ、「授業の見方には、教師の側からみるベクトルと子どもの側から見るベクトルの両方がある」と指摘しています。

こうした指摘を、**子どもによる学習者用デジタル教科書の有効活用という視点から考えると、授業を参観する際に、「教師がどのように使わせているか」ではなく、「児童・生徒が主体的に活用できているか」を注視するようにシフトチェンジしていくことが大切だといえる**でしょう。

こうしたことから、校内で行う研究授業を参観する視点としては、「教師の動きを見取る」ではなく、「児童・生徒の動きを見取る」ことを主導者である研究主任等が明示するのが得策です。その際、「子どもは〇〇ができているか・できていないか」ではなく、「A さんは□□のように学んでいる」「B くんは△△のように学んでいる」といった学び方に着目し、そのために授業者がどのような手だてを講じているか（または、あえて講じていないか）を観察するようにするとよいでしょう。

授業記録についても、指導案等にメモするだけでなく、写真や動画にも残しておき、事後協議会の際には「子どもが実際に学んでいた様子（事実）」をもとにしながら意見を交わすようにします。

　こうした点に立脚して授業研究を行うことが、現在求められている授業観の形成に寄与すると考えられます。**「児童・生徒は主体的に学ぶことができる」「学び方は多様であり、どのような方略がその子に有効かを考えるのが教師の役割の１つ」**という意識を校内の教師間で共有できれば、教師個々ではなく、学校としてどのように子どもの資質・能力育成に取り組むべきかが明らかになります。

資料1　授業を参観する視点のイメージ

Before		After
	見る視点	
教師の発問等		Aさんの様子
↓	考える視点	↓
児童・生徒たちの様子		教師や友達のかかわり
先生の発問はシンプルすぎてわかりにくかったから、もっと具体的な例を示したほうがよいのではないかなぁ。学習者用デジタル教科書をいつ使うのかをしっかり指示することも考えられるなぁ。	参加者の頭の中	Aさんは、隣の人に「今のはどういうこと？」と質問して、学習者用デジタル教科書を使っていたぞ。お互いに質問し合えるようにしておけば、発問を自分事にして自ら解決しようとするんだなぁ。

3　思い込みではなく、子どもの事実に基づいて協議する

　鹿毛等（2017）は、授業の後の事後協議会での課題について、以下のように課題を指摘しています。

● 例えば、「活気があった」「子どもたちはまじめに取り組んでいた」といった「漠然とした印象」にとどまる発言である。前者の例は、授業中のいつ、どの場面で、どのように活気があったのかが不明であるし、

後者は、「子どもたち」の固有名が特定されておらず、いつ、どの学習活動に対してどのようにまじめに取り組んでいたのかわからない。このような曖昧模糊とした情報が飛び交う傾向はないだろうか。
- 事後協議会では授業の良しあしを断定するような意見、例えば「グループ活動が成功した」「先生の発問が効果的でなかった」といった発言がしばしば見られるが、「成功した」「効果的ではなかった」という根拠が授業中の「事実」ではなく個人的な思い込みに基づいている場合も多い。
- 「事実に基づかない提案」である。例えば、「この場面では、○○という発問の方が効果的だ」といった発言が見られる。「自分だったら○○する」というタイプの意見も一般的だ。これらは当該授業の事実をていねいに検討したうえでの発言というよりも、個人的な経験や他の実践例に基づいていたり、あるいは単なる思いつきにすぎなかったりする場合も多い。

　こうした諸課題を解決する考え方として、鹿毛等は「授業者の語りを尊重し、授業者との対話を重視すること」を提案しています。

　授業者の語りについては、本時に対する思いや流れ、期待する子どもの姿を明示したうえで、実際にどうだったか（集団全体としての子どもの姿ではなく、個別の子どもの姿はどうだったか）を語ってもらうという考え方です。よくある自評のように、「子どもたちがいつもより緊張していた」というレベルでとどまらないようにすることです。

　例えば、これまでは学習に前向きになれなかった児童・生徒に注目し、授業を学習者主体にするために学習者用デジタル教科書を活用することで、どのような変容が見られたのかについて語ってもらうのもよいでしょう。

　いずれにせよ、「子どもは有能な学び手である」という子ども観に立脚して対話できるようにすることが大切です。一朝一夕にできることではないので、少しずつ積み上げていくとよいでしょう。

なお、教科担任制である中学校においては、他教科の授業を参観して
も研修にならないと考える方もいるかもしれません。しかし、それも実
は「教師はどのように教えるか」という授業観にとらわれている証左で
す。お互いに胸襟を開き、「子どもはどのようにして学ぶか」「学校とし
て、子どもに何ができるか」という点に立脚して対話すれば、教科等を
越えて有益な議論になるはずです。のみならず、他教科らしい着眼点が、
かえって授業改善のヒントになることもあります（たとえば、美術におけ
る生徒の創意工夫ある学び方が、英語でも取り入れられるのではないかという気づ
きにつながることもあるということです）。

4　学校教育目標と授業を紐づける

　授業改善を学校として進めるにあたっては、学校教育目標と関連づけ
ることも効果的です。
　例えば、数年前から注目を集めるようになった非認知能力ですが、中
山（2023）は昔から学校教育目標で語られていることだと言います。す
なわち、全人教育をめざす学校教育において非認知能力は、けっして目
新しいものではなく、「知・徳・体」をバランスよく育むうえで欠かす
ことのできない能力だという考え方です。
　確かに、一般に言われるところの非認知能力とは、好奇心、粘り強く
がんばる力、コミュニケーション能力、誠実さなどを指すわけですから、
授業においても学級経営においても欠かせないものであることは明白で
す。
　そこで、**学校教育目標をブレイクダウンし、各教科等で育成を目指す
資質・能力と結びつけられれば、よりよい授業をつくる行動指針となる**
のではないでしょうか。そして、その鍵を握るのが「主体的に学習に取
り組む態度」です。
　資料2はOECDが提起した「社会情動的スキル」で、田村（2021）
は「主体的に学習に取り組む態度」の評価規準については、この図を参
考にしながら言語化することを提唱しています。この社会情動的スキル

は、非認知能力と重なる部分が多くあります。

　また、**資料3**は学校教育目標を行動指標に落とし込む様子を表した
もので、こちらも「主体的に学習に取り組む態度」との親和性が高いと
考えられます。このようにブレイクダウンした言葉と学習者用デジタル

資料2　社会情動的スキル

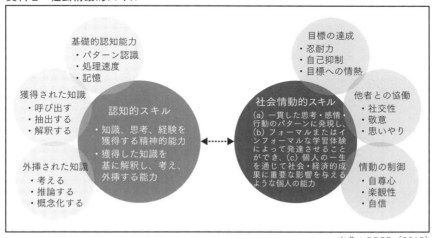

出典：OECD（2015）

資料3　学校教育目標を行動指標に落とし込むイメージ

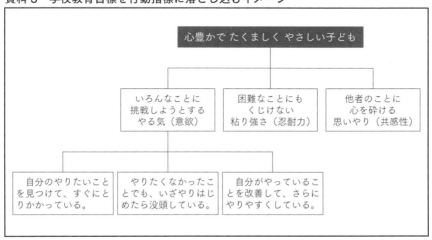

※中山（2023）の考えを基に筆者が作成

教科書の活用イメージを結びつけることで（例えば、「学習者用デジタル教科書を使って、自分がやりたいことを改善して、さらにやりやすくしている」）、使うことが目的ではなく、手段であることを共通理解することができます。つまり、学校教育目標を基に作成した行動指標を、教科等の特質に応じて言葉を選びながら「主体的に学習に取り組む態度」の評価規準に盛り込むことによって、授業を通じて学校教育目標と資質・能力がシームレスにつながるという考え方です。

5　授業研究前に行っておく模擬授業がオススメ

　事後協議会を充実する方法として挙げられることの一つに、授業研究前の模擬授業があります。といっても、1単位時間（小学校45分、中学校50分）丸々観てもらうのではなく、10分程度の時間とします。

　目的は、子どもたちを前にした授業研究を行う前に、参観する先生方に対し、本時で予定している「学校教育目標に紐づく学習はどのような場面か」「教師としてどのように働きかけるつもりなのか」を事前に知っておいてもらうことです。

　この試みは、スーパーなどでの実演販売をイメージされるとわかりやすいかもしれません。広告（授業であれば指導案）に書かれていることを実演してもらうことで、読むだけではわからない具体のイメージを得ることができます。また、自校の子どもの課題解決につながるかを、体験しながら考えることができます。さらに、指導案に教科独特の用語を多用している場合、事前に質問を受けることも考えられます。

　ちょっとしたことかもしれませんが、こんなひと手間をかけるだけでも、授業研究のねらいを校内で共有し、授業者と同じ目線でチーム学校として本時に参画できるようになります。

6　自分なりの未来行動指針の作成

　「授業観を変える」とは、これまで自分がもっていた「考え方を変える」ことがスタートラインとなりますが、それだけでは道半ばです。「行動

が変わる」ことではじめて授業そのものが変わります。

　こうしたことから、参観者のほうも「いかにして自分自身の行動を変えていくか」といった意識で授業を参観することが、よりいっそう大切になるでしょう。事後協議会の場が、単なる授業批評で終わってしまっては、せっかく時間を割いて参加しているのに、その場限りの学びとなってしまうにちがいありません。

　そこで、「アンケート用紙」の代わりに、「アクションプラン・シート」を配付しておき、たとえば次の事柄について事後研究会の最後に書いてもらうことなどが考えられます（これは、ギブス〈1988〉が示したリフレクティブサイクルの考え方を参考にした方法です）。

〈アクションプラン・シートの内容例〉
● 今日の授業の子どもの様子でどのようなことに気づいたか（学習者用デジタル教科書を使って、自分がやりたいことを改善して、さらにやりやすくしていたか）。
● 自分の担当クラスとの共通点・相違点はどうだったか。
● その考えに基づいて、どのような行動を起こしていきたいか。

　記入後、「アクションプラン・シート」を共有すれば、授業者と参観者側双方にメリットが生まれるはずです。

　もっとも、DX 時代の世の中ですから、たとえば Google フォームなどを使って「アクションプラン・シート」を用意しておき、スマホやノート PC、タブレット端末などから記入してもらうのも手です。自分以外の人が記入した「アクションプラン」にコメントし合うことで、より研修効果の高い取組になるのではないでしょうか。

＊

　次頁の**資料 4** は、これまで述べてきた「授業観の転換を図る教師の学び方の視点」を踏まえ、学習者用デジタル教科書の効果的な活用を目指した授業観の転換を図る「授業研究」のイメージを図にした一例です。

資料4　学習者用デジタル教科書の効果的な活用を目指した授業研究会のイメージ

授業前	・教師一人一人が、学校教育目標からブレイクダウンした行動指標をもち、単元ごとに「主体的に学習に取り組む態度」の評価規準に落とし込んで実践する。 ・授業者は、自分の行動指標に基づき、学習者用デジタル教科書の効果的な活用を授業に位置づけた指導案等を作成する。 ・参観する教師は、授業者の模擬授業を通して、「授業者の行動指標はどのように学校教育目標とつながっているか」「本時ではどのようなねらいをもって学習活動を設定しているか」などを確認する。
授業中	・授業者は、児童・生徒が学習者用デジタル教科書を効果的に活用する授業を展開する。 ・参観する教師は、模擬授業での気づきを念頭に、児童・生徒がどのように学んでいるかを見取って記録する。
授業後	・授業者は、今日の授業についての思いや流れ、期待していた子どもの姿と実際について個人名を挙げながら具体的に語る。 ・参観した教師は、授業者の語った子どもの事実と、自分が見取った子どもの事実を重ね合わせながら、未来志向でチーム学校としての意見を述べ、考えを交流する。 ・授業者と参観した教師は、どのような働きかけをすれば子どもが自立的に学ぶかを確認し合い、明日からどのような授業をしていくかといった「アクションプラン」を作成する。

　アフリカには「早く行きたければ一人で行け、遠くへ行きたいならみんなで行け」という諺があるといいます。授業改善の道のりも、まさにこの諺のとおりでないかと思います。学校には「早く行ける教員」も、「みんなとなら遠くまで行ける教員」も必要です。迂遠な話だと思いますが、やはり日々の地道な積み重ねが必要なのだと改めて思います。

参考文献
●坂本篤史「大学生の授業観の変化を促す授業の実践研究」『中等教育研究部紀要』第5巻、2016年、9～39頁
https://seijoh-u.repo.nii.ac.jp/records/196
●中央教育審議会答申「『令和の日本型学校教育』を担う教師の養成・採用・研修等の在り方について～「新たな教師の学びの姿」の実現と、多様な専門性を有する質の高い教職員集団の形成」2022年12月19日　https://www.mext.go.jp/content/20221219-mxt_kyoikujinzai01-1412985_00004-1.pdf

●藤朱里（筑波大学大学院）「授業の省察場面における中堅教師の葛藤―教授方略の模索過程に着目して」日本教師教育学会第 33 回大会、東京大学 自由研究発表
●坂本篤史「現職教師は授業経験から如何に学ぶか」『教育心理学研究』第 55 巻、4 号、2007 年、584 〜 596 頁　https://www.jstage.jst.go.jp/article/jjep1953/55/4/55_584/_pdf/-char/ja
●オットー・フルトリッヒ・ボルノウ著、森昭、岡田渥美訳『教育を支えるもの』黎明書房、2006 年
●奈須正裕著『個別最適な学びと協働的な学び』東洋館出版社、2021 年
●千々布敏弥著『先生たちのリフレクション』教育開発研究所、2021 年
●鹿毛雅治、藤本和久編著『「授業研究」を創る』教育出版、2017 年
●中山芳一著『教師のための「非認知能力」の育て方』明治図書出版、2023 年
●田村学著『学習評価』東洋館出版社、2021 年
●池迫浩子、宮本晃司、ベネッセ教育総合研究所訳、OECD ワーキングペーパー「家庭、学校、地域社会における社会情動的スキルの育成」　https://www.oecd.org/education/ceri/FosteringSocialAndEmotionalSkillsJAPANESE.pdf
●クリスバルマン、スーシュッツ編、田村由美、池西悦子、津田紀子監訳『看護における反省的実践』看護の科学社、2014 年、310 頁

　小学校教員になったものの、指導力に乏しかった私は、カリスマ教師が書いた書籍を読み漁り、近隣・他県を問わず有名な先生方の授業を見て回っていました。しかし、手に入れた授業アイディアをどれだけクラスにもち込んでも、一向にうまくいきませんでした。指導案どおりにやってもそう。

　それでも「もっといい活動はないか」「他の指導案はどうか」などと考え、同じことを繰り返していました。当時の私は、日本のどこかに、私の課題を解決してくれる青い鳥がいると思っていたのですが、そんな鳥はどこにもいませんでした。

　そんな私ですが、いまなら「どうしてうまくいかなかったのか」がわかります。目に入るキラキラしたものに目を奪われるのではなく、自分の足下にあるものにも目を向けていくことが大切だったのです。

　社会科を中心に「追及の鬼」を育てていた有田和正氏は、授業をオープンエンドにし、授業と授業をつなぐ「はてな帳」を用いて子どもが自らが疑問を解決するように働きかけていました。「命の授業」(NHKスペシャル)で有名な金森俊朗氏は、心に秘めた子どもの正直な気持ちを「手紙ノート」に書いて伝え合う実践に毎日取り組んでいました。

　この両氏に共通することがあります。それは、心理的安全性に満ちた学級をつくっていたことです。こうした耕しがあってこその授業実践だったのです。これはまさしく教師自身の授業の自己調整とも言うべきものだと思います。

　上記に挙げたことは、「なにが学習者用デジタル教科書の活用を妨げているのか」を考える視点の一つでもあります。足下の事柄に目を向けながら自分の内に潜む課題と向き合い、内省をくり返してこそ、(学習者用デジタル教科書の活用に限らず)教師である自分にとって有用な授業、目の前の子どもたちにとって有用な学習をつくる可能性が生まれるのです。

　こうしたことから、本書では学習者用デジタル教科書の活用法にフォーカスしながらも、自己調整学習や非認知能力の育成、国際教育の視点や

授業研究といったさまざまな切り口から論ずることにしました。

「なんのために学習者用デジタル教科書を活用するのか」を明確にし、その目的を実現するために試行錯誤しつづけられれば、一人の教育者として「どのように子どもたちとかかわっていきたいのか」がクリアになっていきます。そうなれば、おのずと自分らしい授業を行えるようになるだろうし、ひいては子ども一人一人が自立した学習者として育っていくのだと思います。そしてその先にこそ、子どもと教師の学びのウェルビーイングがあるのではないでしょうか。本書がその一助になれば、たいへんうれしく思います。

読者の先生方には、こんな言葉を贈りたいと思います。

> 子どもが能動的で有能な学び手であるのと同様に、
> 教師もまた能動的で有能である。
> （稲垣佳世子、波多野誼余夫著『人はいかに学ぶか―日常的認知の世界』中央公論新社、1989年）

「学び手に対するイメージがよくなれば学習活動がよりよくなる」といった研究も報告されています。そこでまずは、子どもも教師も「自分は有能な存在である」と信じ合うことからはじめ、課題解決に向けてチャレンジしていくことが大事だと考えます。デジタル信奉者とは言えない私が本書を執筆したのも、「自分の経験がだれかの役に立てるかもしれない」という思いをもったことがきっかけでした。

本書の執筆にあたっては、東洋館出版社の高木氏のお世話になりました。企画段階から、学習者用デジタル教科書の活用のみならず、これからの教育のあり方について何度もディスカッションを行ったことにより、私自身が多面的に考えることができました。その時間なくして、本書を書き上げることはできませんでした。心から感謝申し上げます。

令和6年3月吉日　　　　　　岡山県教育庁義務教育課総括副参事　江尻 寛正

江尻 寛正 （えじり・ひろまさ）

岡山県教育庁義務教育課学力向上対策班総括副参事

京都府、東京都、サンパウロ日本人学校、岡山県で小学校教諭を務めた後、指導主事として小学校英語やGIGAスクール構想等を担当。文部科学省初等中等教育局教育課程課外国語教育推進室専門職を経て、現職。

熊本大学大学院でインストラクショナル・デザインを学び直し、新たな教師の学びの姿の実現に向けて教員研修の改善に取り組んでいる。「指導と評価の一体化のための学習評価に関する参考資料」（国立教育政策研究所）の調査研究協力者や、NHK for Schoolの番組委員も務めた。

［小中英語］学習者用デジタル教科書を活用するために知っておきたいこと

2024（令和6）年3月15日　初版第1刷発行

著　者　江尻寛正
発行者　錦織圭之介
発行所　株式会社　東洋館出版社
　　　　〒101-0054　東京都千代田区神田錦町2-9-1
　　　　　　　　　　コンフォール安田ビル2階
　　　　代　表　TEL 03-6778-4343
　　　　営業部　TEL 03-6778-7278
　　　　振替　00180-7-96823
　　　　URL　https://www.toyokan.co.jp
装　幀　中濱健治
印刷・製本　藤原印刷株式会社

ISBN978-4-491-05441-4　Printed in Japan